처음 세계사

처음 세계사

❿ 현대 세계의 냉전과 변화

초판 1쇄 발행 2017년 2월 9일
초판 3쇄 발행 2023년 4월 30일

글 초등 역사 교사 모임   그림 한동훈, 이희은
감수 서울대 뿌리 깊은 역사 나무
발행인 양원석   **발행처** (주)알에이치코리아(등록 2004년 1월 15일 제2-3726호)
주소 서울시 금천구 가산디지털2로 53, 20층(한라시그마밸리)
편집 문의 02-6443-8921   도서 문의 02-6443-8800
홈페이지 rhk.co.kr   블로그 blog.naver.com/randomhouse1   포스트 post.naver.com/junior_rhk
인스타그램 @junior_rhk   페이스북 facebook.com/rhk.co.kr

이 책은 저작권법에 의해 보호받는 저작물이므로 무단 전재와 복제를 금합니다.

ISBN 978-89-255-6092-2 (74900)
ISBN 978-89-255-2418-4 (세트)

※ 제조자명 (주)알에이치코리아 | 제조국명 대한민국 | 사용연령 8세 이상
※ 종이에 손이 베이거나 모서리에 다치지 않게 주의하세요.
※ 잘못 만들어진 책은 구입하신 곳에서 바꾸어 드립니다.

10 현대 세계의 냉전과 변화

처음 세계사

초등 역사 교사 모임 글 | 한동훈·이희은 그림
서울대 뿌리 깊은 역사 나무 감수

주니어 RHK

타임머신을 타고 떠나는 세계사 여행

　세계사 속에는 아주 많은 인물과 사건이 담겨 있습니다. 그래서 어린이가 너무 복잡하고, 어렵다고 생각하여 쉽게 포기해 버릴 수도 있지요. 하지만 세계사가 꼭 복잡하고, 어렵기만 한 것은 아닙니다.

　넓은 땅을 정복한 알렉산드로스 대왕의 이야기, 초원의 황제 칭기즈 칸의 이야기는 한 편의 영화 같은 흥미진진한 모험담이기도 합니다. 그뿐인가요? 우리와 가까운 이웃 나라 일본과 중국의 이야기는 친숙하고 흥미롭습니다. 조금은 먼 나라여서 낯설기도 하지만, 그만큼 신비하고 새로운 페르시아와 아프리카의 이야기도 있지요. 세상 어디에 내놓아도 자랑스러운 한글을 만든 세종대왕, 목숨을 걸고 나라를 지킨 안중근 의사의 이야기는 애국심과 감동도 느끼게 합니다.

이 모든 사람과 나라가 어우러져 만들어 낸 이야기가 바로 세계사입니다. 〈처음 세계사〉는 이 이야기를 동화처럼, 옛날이야기처럼, 영화처럼 신나고 흥미롭게 풀어서 보여 주지요. 세계사가 복잡하고, 어렵다는 생각을 잠시 내려놓고 책을 펼쳐 보세요. 세상 그 어떤 이야기보다 재미있는 이야기를 만나 볼 수 있을 거예요.

세계사는 다른 나라의 이야기가 아니라 곧 '우리'의 이야기입니다. 오늘날 우리는 하루 이틀이면 지구상의 어느 곳이든 갈 수 있는 데다가, 우리가 살고 있는 지금 순간순간이 내일의 세계사가 될 테니까요.

역사는 흔히 미래를 내다보는 거울이라는 말이 있지요. 우리는 곧 더 넓은 세상으로 나가, 때로는 그들과 경쟁하며, 혹은 큰 목표를 함께 이루기도 할 것입니다. 그리고 우리가 알고 있는 역사가 교훈이 되고, 안내자가 되어 넓은 세상으로의 길을 함께해 줄 것입니다.

자, 이제 타임머신을 타고 세계사를 여행할 시간입니다. 〈처음 세계사〉를 통해 오늘날 우리의 모습과 내일을 찾아보세요!

초등 역사 교사 모임

시리즈 소개

처음 세계사

〈처음 세계사〉는 초등학교 선생님과 동화 작가 선생님이 어린이가 세계사와 친해질 수 있도록 쉽고 재미있게 풀어 쓴 세계사 이야기입니다. 재미와 정보를 주는 그림과 사진, 쏙 빠져드는 이야기로 실제 역사를 모험하듯 세계사의 전체적인 흐름을 자연스럽게 익힐 수 있습니다.

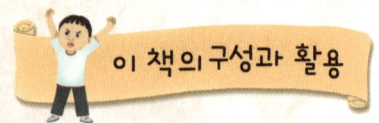
이 책의 구성과 활용

역사 속 인물이 직접 전해 주는 이야기를 통해 당시 시대적 특징을 재미있게 알아볼 수 있어요.

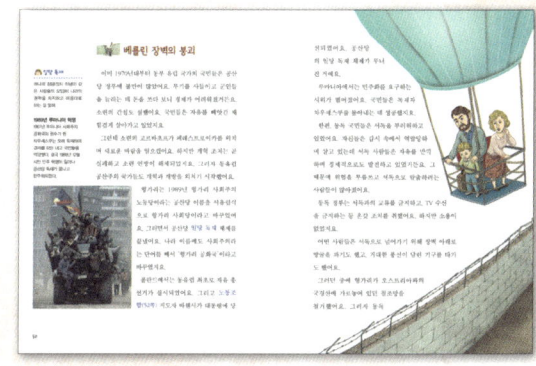

역사 속 **사건과 유물, 인물** 등을
그림과 사진으로 함께 구성하여
친절하게 설명했어요.

깊이 보는 역사 페이지를 통해
각 장의 내용을 **한 번 더 정리**하고,
본문에서 미처 다루지 못했던
흥미로운 이야기를 들려줍니다.

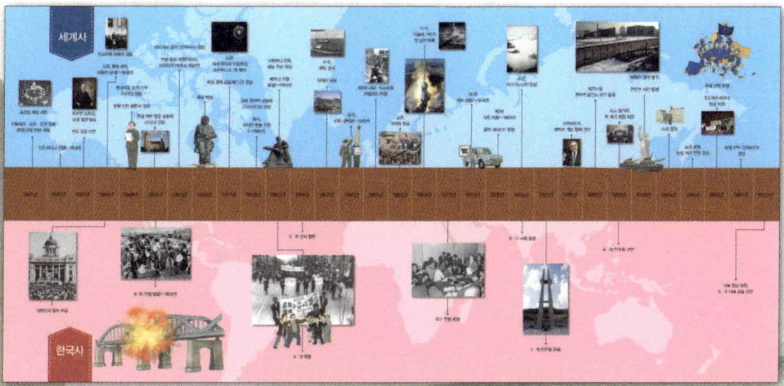

중요한 사건들을 **연표**를 통해
한번에 파악할 수 있어요.
각 나라와 시대를 대표하는 유물 사진과
그림을 보며 **세계사의 흐름**을 익혀 보세요.

글쓴이의 글 • 4
시리즈 소개 • 6

1장 냉전 시대의 전개

동과 서의 분리, 냉전의 시작 • 12
두 개의 독일 • 16
냉전 시대의 위기 • 21
베트남 전쟁 • 27
소련의 침략 • 34
[깊이 보는 역사] 냉전 시대 미국과 소련의 우주 경쟁 • 40

2장 냉전의 종말과 그 이후

소련의 개방 • 44
베를린 장벽의 붕괴 • 50
초강대국 미국의 변화 • 56
유럽 연합의 등장 • 59
20세기의 과학 • 64
[깊이 보는 역사] 20세기의 미술 • 68

3장 제3세계의 어제와 오늘

이스라엘 건국 • 72
수에즈 운하의 위기 • 76
이스라엘의 침략 • 82
아프리카의 독립과 고난 • 88
라틴 아메리카의 시련 • 94
[깊이 보는 역사] 라틴 아메리카 독립사 • 102

4장 중국의 변화

중화 인민 공화국의 수립 • 106
모택동의 독재 정치 • 112
문화 대혁명과 천안문 사건 • 119
[깊이 보는 역사] 장개석의 대만은 어떻게 변했을까? • 128

5장 현대의 한국과 일본

한국의 해방과 전쟁 • 132
민주주의의 시련과 경제 발전 • 137
전쟁 직후 일본의 상황 • 142
일본의 부흥과 발전 • 146
[깊이 보는 역사] 일본은 왜 독도를 뺏으려 할까? • 150

찾아보기 • 152
세계 속의 지도자 • 158
연표 • 161

1장 냉전 시대의 전개

나는 남베트남에 살고 있는 남프엉이야. 할머니, 고모랑 살고 있어. 엄마는 미군의 폭격 때 돌아가셨고, 아빠는 나라를 지킨다고 총을 들고 나가셨어. 아빠는 남베트남 민족 해방 전선이 되어 미군과 싸우고 계시대. 잠깐! 하늘에 미군 헬리콥터가 나타났어. 얼른 숨어야 해. 우리는 미군이 마을에 나타나면 꽁꽁 숨어. 무슨 일을 당할지 모르거든. 도대체 미군은 우리나라에 왜 온 걸까?

 동과 서의 분리, 냉전의 시작

 연합국
제2차 세계 대전 때 독일 등 추축국과 맞서 싸운 미국, 영국, 프랑스, 중국, 소련 등 여러 나라를 말해.

　제2차 세계 대전이 끝날 즈음, 연합국은 승리를 눈앞에 두고 있었어요. 연합국은 패전국 독일을 어떻게 처리할지를 놓고 고민에 빠졌어요. 연합국에 속한 많은 나라들이 독일로부터 배상금을 되도록 많이 받아야 한다고 주장했어요. 전쟁으로 파괴된 도시나 마을을 다시 세워야 한다면서요. 이참에 독일을 아예 농업 국가로 되돌아가게 하자는 의견도 나왔지요.

　마침내 1945년 7월, 독일 포츠담에서 영국의 처칠 수상(뒤에 애틀리로 바뀜), 미국의 대통령 트루먼(15쪽), 소련의 공산당 서기장 스탈린이 만났어요.

전쟁 이후 처리에 대해 의논한 포츠담 회담
1945년 7월 독일 포츠담의 체첼리엔호프 궁전에서 제2차 세계 대전이 끝나기 직전에 열린 회담이다. 주로 독일과 일제를 어떻게 처리할지 의논했다.

"우선 독일의 무기를 모두 압수해야 합니다. 그리고 1937년 이후 독일이 빼앗은 모든 지역을 독일로부터 분리시킵시다. 나치즘도 완전히 뿌리 뽑고요."

"배상금 받는 것도 잊지 말아야지요."

"맞아요! 꽤 받아야 해요. 그리고 독일이 힘을 못 쓰도록 독일을 넷으로 나누어 다스립시다. 동부는 소련, 서부와 북부는 영국, 남부는 미국, 그리고 남서부는 프랑스가 맡읍시다."

제2차 세계 대전 이후 독일 분할 지도

독일의 수도 베를린도 넷으로 나누어 통치했어요. 베를린은 소련의 영역인 독일 동부에 있었지요.

독일을 점령한 4개국의 통치 방식은 각각 달랐어요. 소련은 자신이 점령한 독일 지역에서 기계와 철도 등을 빼앗아 소련으로 싣고 갔어요. 독일에 요구한 배상금 문제가 제대로 해결되지 않았거든요. 전쟁 때문에 엉망진창 폐허가 된 국가를 다시 세우려면 그렇게라도 해야 했어요.

그리고 소련은 독일과 주변의 다른 나라에 공산주의

나치즘
반공산, 반유대주의를 내세운 나치당의 정치 이념이야.

베를린
1701년 프로이센 왕국의 수도가 되었어. 1871년에 독일이 통일되자 독일 제국의 수도가 되었지.

자본주의
국민 각자의 재산을 인정하고, 기업의 활동을 정부가 간섭하지 않고 마음껏 경쟁하도록 하는 이념이야.

헝가리 공산 정권 시대, 헝가리와 소련의 악수
헝가리에는 1944년 12월 소련에 의해 임시 정부가 수립되었다. 이후 1949년부터 1989년까지 소련의 지도 아래 공산당이 나라를 이끌었다.

정부가 들어서도록 도왔어요. 제2차 세계 대전 때의 독일처럼 서유럽 국가가 소련을 침공할까 봐 걱정이 되었거든요. 그래서 주변의 동유럽 국가들을 자기편으로 만들기로 한 거예요.

결국 폴란드, 체코슬로바키아, 헝가리, 루마니아 등의 나라에 소련과 친한 정부가 들어섰지요.

미국과 영국 같은 서유럽의 나라들은 불안해졌어요. "소련 공산주의가 유럽을 물들이고 있습니다. 독일마저 공산화되면 안 됩니다. 우리가 점령하고 있는 독일 지역에 자본주의 제도가 뿌리내리게 합시다."

마침 서유럽 나라들의 불안을 키우는 일이 터졌어요. 그리스에서 공산주의자들이 이끄는 그리스 민족 해방 전선 인민 해방군과 정부군 사이에 내전이 일어난 거예요. 그리스와 이웃한 터키는 소련으로부터 항구를 내달라는 압박을 받았어요.

긴장이 심해지는 가운데

1947년 3월 미국 대통령 트루먼이 선언했어요. (트루먼 독트린)

"우리는 공산주의 세력의 확대를 막을 것입니다. 자유와 독립을 꼭 지켜 내겠습니다."

그리고 그리스와 터키가 공산주의 국가가 되지 않도록 돕기로 결정했어요. 아시아와 중남미 여러 나라에도 손길을 뻗쳐 자본주의 국가가 들어서도록 도왔지요.

1947년 6월에는 미국의 국무 장관 마셜이 한 가지 주장을 하고 나섰어요.

"유럽 여러 나라에 퍼지고 있는 공산주의를 막으려면 미국이 유럽에 대규모의 원조를 실시해야 합니다."

실제로 전쟁 후 유럽 여러 나라들은 경제가 몹시 어려웠어요. 그 틈을 타서 공산주의 정권이 들어설 가능성이 높아지고 있었지요.

미국은 마셜의 말대로 4년에 걸쳐 서유럽 국가에 경제 원조를 해 주었어요. 유럽 경제를 다시 세워 공산주의를 막기 위해서였지요. 미국의 상품 시장을 확대하려는 목적도 있었어요. 유럽이 되살아나야 세계 무역 시장도 활발해질 테니까요.

마셜 계획이 끝난 1952년 무렵에는 미국의 도움을

소련의 진출을 막으려 한 트루먼 대통령
미국의 제33대 대통령으로 반소, 반공을 담은 외교 원칙 '트루먼 독트린'을 선언했다.

 원조

물건이나 돈을 주어 돕는 걸 말해.

1장 냉전 시대의 전개

받은 유럽 대부분 나라의 경제가 되살아났어요. 미국은 세계 경제에서 더욱 중요한 나라가 되었어요. 소련은 이런 미국의 개입이 마음에 들지 않았지요.

 두 개의 독일

독일도 소련이 점령한 지역을 빼고는 모두 미국의 도움을 받았어요. 전쟁으로 부서졌던 건물과 공장이 다시 세워지고 경제는 빠르게 되살아났지요.

반면 소련이 점령하고 있던 동부 독일 지역에서는 천여 개에 이르는 공장이 강제로 문을 닫아야 했어요. 소

폐허가 된 독일 도시, 쾰른
제2차 세계 대전 중 연합군은 독일의 전쟁 의지를 꺾기 위해 독일에 폭격을 퍼부었다. 특히 1942년 5월에는 천 대가 넘는 폭격기로 쾰른 등 공업 지대를 파괴했다.

1948년 발행된 새로운 마르크(좌)와 오스트마르크(우) 지폐
연합국과 소련의 주도로 1948년 독일의 화폐 개혁이 시행되었다.

련이 그 공장을 움직이던 기계를 전쟁 배상금으로 가져갔기 때문이에요. 사람과 자원을 나르던 철도도 1만 킬로미터가 넘게 뜯기고 나뉘어 소련으로 실려 갔어요.

이때부터 서부 독일과 동부 독일의 경제 수준이 눈에 띄게 차이 나기 시작했어요.

미국과 영국, 프랑스는 서부 독일에 하루빨리 자본주의가 자리 잡게 하고 싶었어요. 그러려면 마셜 계획만으로는 부족했어요.

그래서 생각해 낸 것이 화폐 개혁이었어요.

마침내 1948년 6월, 미국의 주도로 화폐 개혁이 실시되었어요. 새로운 마르크화가 독일인에게 지급되었지요. 그러자 놀라운 효과가 일어났어요. 새로운 마르크화를 갖게 된 사람들의 구매력이 늘어나 경제가 활기를 띠기 시작한 거예요. 암시장도 사라졌지요. 서부 독

 화폐 개혁
경제 안정을 위해 정부가 화폐 가치를 조절하는 일이야.

 **암시장**
법을 어기면서 몰래 물건을 사고파는 시장을 말해.

일에는 자본주의가 더 튼튼하게 자리 잡았어요.

이에 놀란 소련은 동부 독일에서도 화폐 개혁을 실시했어요. 베를린 모든 지역에서 자신들이 만든 오스트마르크만 사용하라고 했지요.

미국, 영국, 프랑스는 반대했어요.

"서베를린 지역은 오로지 우리가 발행한 마르크만을 써야 합니다."

미국과 영국, 프랑스는 서부 독일의 경제를 총괄하는 은행까지 세웠어요.

소련은 이를 가만히 두고 볼 수 없었어요. 화폐를 양보하면 경제 주도권을 빼앗길 테니까요.

소련은 서베를린에 물자를 나르는 길을 모두 막았어요. 전기와 물 공급도 끊었지요. 베를린 봉쇄가 시작된 거예요. 미국과 서유럽은 강력히 항의했어요. 그러자 소련도 거세게 맞섰어요.

"미국과 서유럽이 먼저 동의 없이 화폐 개혁을 했잖소. 우리도 그저 가만히 두고 볼 수 없소!"

서베를린의 독일 사람들은 하루아침에 꼼짝달싹 못하게 갇히고 말았어요. 당장 먹을거리를 걱정해야 할 처지였지요. 미국과 서유럽 나라들이 서베를린 시민들을 구하기 위해 소련과 협상을

 **베를린 봉쇄**
1948년부터 1949년까지 소련이 서베를린으로 가는 모든 길을 막은 사건이야.

미국 군정 장관 클레이
1947년부터 1949년까지 독일에서 미국 점령 지역의 군정 책임자였다.
베를린 봉쇄 때 비행기 수송 작전을 주도하였다.

벌였지만 마땅한 답은 나오지 않았어요. 그러자 미국의 군정 장관 클레이가 말했어요.

"우리가 베를린을 빼앗기면 다음은 서부 독일을 뺏길 것이오. 공산주의자들로부터 우리를 지키기 위해서는 한 발자국도 물러설 수 없소!"

미국과 서유럽 나라들은 소련의 봉쇄 정책에 양보하지 않고 맞서기로 결정했어요.

"베를린으로 가는 모든 길이 막혔으니, 비행기로 생활필수품을 보내 줍시다."

마침내 미국의 수송기가 서베를린으로 향했어요. 수송기에는 서베를린에 살고 있는 약 200만 명의 서베를

군정
점령지에서 군대가 하는 정치를 말해.

베를린 봉쇄를 해결하기 위한 수송기
소련은 미, 영, 프 세 나라가 서베를린을 포기하게 하려 베를린 봉쇄 작전을 펼쳤다. 하지만 연합국은 수송기를 이용해 소련의 시도가 소용없게 만들었다.

린 사람들을 구하기 위한 생활필수품이 잔뜩 실려 있었지요. 이런 일이 1년이 넘도록 지속되었어요. 수송기는 약 20만 번 이상 서베를린으로 옷과 먹을거리를 비롯한 생활필수품을 실어 날랐지요.

이 기상천외한 작전으로 곤경에 빠진 것은 오히려 소련이었어요. 아무런 성과 없이 세계의 여론만 나빠졌거든요. 결국 소련은 1949년 5월 베를린 봉쇄를 풀어야 했어요.

그해 9월 서부 독일에는 아데나워를 수상으로 하는 독일 연방 공화국 정부(서독)가 들어섰어요. 이에 질세라 동부 독일에서도 10월에 베를린을 수도로 하는 독일 민주 공화국(동독)이 탄생했어요. 결국 독일은 서독과 동독으로 갈라지고 만 거예요.

미국과 소련은 점점 더 사이가 나빠졌어요. 전쟁을 하지는 않지만 사이가 나쁜 채로 팽팽하게 맞섰어요. 이를 냉전이라고 해요.

냉전은 계속되었어요. 미국은 서유럽 여러 나라들과 함께 공산주의로부터 유럽을 지킨다는 명목으로 북대서양 조약 기구(NATO)를 만들었어요. 소련도 이에 질세라 1955년 5월, 미국과 유럽의 자본주의 국가들로부터 자신들을 지키겠다며 바르샤바 조약 기구(WTO)를 만들었지요.

북대서양 조약 기구

1949년 미국, 캐나다, 유럽 10개국이 소련군에 맞서 함께 방어하기로 약속한 북대서양 조약을 위해 만들어진 기구란다.

냉전 시대의 위기

1945년 미국이 원자 폭탄을 만든 뒤 1949년 소련도 뒤따라 원자 폭탄 개발에 성공했어요. 두 나라가 핵무기를 갖게 되면서 무기 경쟁은 더 심해졌어요.

두 나라는 분단된 독일에서 팽팽하게 맞섰어요. 1955년 5월 서독이 북대서양 조약 기구에 가입하고 다시 무기를 갖추게 되었고, 동독도 바르샤바 조약 기구에 가입했지요. 이렇게 미국과 소련의 긴장이 계속되는 가운데, 또다시 베를린을 두고 문제가 발생했어요.

소련의 지도자 흐루쇼프(22쪽)는 1958년 11월 베를린을 중립 도시로 만들자고 제안했어요.

"우리 모두 독일의 평화를 위해서 베를린에는 무기를

소련의 3대 공산당 서기장 흐루쇼프
1918년 공산당에 입당했으며 스탈린이 죽은 뒤 소련 공산당 서기장이 되었다. 스탈린의 개인 우상화를 비판하고 미국, 서유럽과 평화롭게 지내려 했다.

두지 맙시다. 이를 위해 네 나라의 군대를 모두 철수시킵시다."

그렇지 않으면 6개월 뒤에 베를린으로 통하는 도로를 다시 한번 차단하겠다고 으름장을 놓았어요. 하지만 서유럽 나라들은 흐루쇼프의 제안을 단호하게 거부했어요. 서베를린에 계속 남아 있겠다는 것이었지요. 베를린에서는 긴장감이 다시 높아졌어요.

소련은 베를린으로 통하는 도로를 차단하겠다고 선포한 기한을 미루고 미루었어요. 그러다가 그만 제안을 취소해 버렸지요. 대신 4개국이 모여 협상을 하기로 했어요. 하지만 결과는 지지부진했어요.

마침내 1959년, 흐루쇼프가 미국을 방문했어요. 이는 전 세계적인 뉴스거리가 되었지요. 이 방문에서 흐루쇼프는 미국 대통령 아이젠하워와 함께 세계적으로 무기를 줄이고, 베를린 문제를 무력이 아닌 평화로운 협상을 통해 해결하자고 뜻을 모았어요.

그리고 이듬해 프랑스 파리의 정상 회담에서 대화를 계속하기로 했지요.

그런데 미국과 소련의 두 정상이 파리에서 만나기 2주 전인 1960년 5월 1일, 화해의 분위기에 찬물을 끼얹는 사건이 발생하고 말았어요. 소련 하늘을 날던 미국의 비행기 한 대를 소련 공군기가 격추시킨 거예요. 그 비행기는 소련을 몰래 살피던 정찰기였어요. 조종사가 체포되었기 때문에 아이젠하워는 미국이 소련 하늘에서 정찰 활동을 한 사실을 인정해야 했지요.

정찰기
적의 움직임이나 적지의 상태를 몰래 알아내기 위한 비행기야.

결국 파리에서 열린 평화 회담은 흐지부지되었어요. 미국과 소련의 관계는 다시 차가워지고 말았지요.

이듬해에는 베를린의 동독과 서독 지역을 가르는 장벽이 세워졌어요. 동독 사람들이 서독으로 넘어가지 못하도록 막기 위해서였어요. 이미 1949년부터 1961년까지 약 수백 만 명의 동독 사람들이 서독으로 탈출했거든요. 소련과 동독이 체제를 유지하려면 이를 적극적

동·서독 분단의 상징, 베를린 장벽
1961년 동독은 동독 사람이 서독으로 탈출하는 걸 막기 위해 베를린의 동·서독 경계에 콘크리트로 담을 쌓았다.

1장 냉전 시대의 전개

쿠바와 소련의 친선 관계 상징 포스터
카스트로(좌)와 흐루쇼프(우)가 손잡은 모습이다. 카스트로는 쿠바에서 태어난 변호사였다. 1959년 혁명에 성공한 이후 49년간 공산주의 이념에 따라 쿠바를 이끌었다.

으로 막아야 했지요.

장벽이 세워지면서 독일이 통일될 가능성은 점점 더 희박해졌어요. 미국과 소련의 냉전은 더욱 심해졌지요. 두 나라는 핵무기 개발에 더욱 열을 올렸고, 서로를 믿지 않았어요.

그러던 중 냉전에 더욱 심각한 영향을 끼치는 사건이 1962년 쿠바에서 일어났어요.

쿠바에서는 1959년 카스트로가 혁명에 성공해 독재자 바티스타를 몰아내고 정권을 잡았어요. 카스트로는 정권을 잡자마자 대기업의 재산과 부유한 지주들의 땅을 빼앗아 농민들에게 나누어 주었어요. 그리고 하루빨리 경제를 되살리기 위해서 소련에게 도와달라고 부탁했지요. 그러자 소련도 쿠바를 열심히 도와주었어요.

쿠바를 지켜보던 미국은 깜짝 놀랐어요. 쿠바는 원래 미국의 세력 안에 있는 나라였거든요. 미국은 카스트로의 지도로 쿠바가 공산주의 국가가 되는 것을 두려워했어요. 미국은 비밀리에 쿠바 침공 계획을 세웠어요. 카스트로에게 불만을 품고 미국으로 탈출한 사람들을 앞세우기로 했어요. 이들을 쿠바에 보내 카스트로 정권을 무너뜨린다는 계획이었지요.

하지만 계획을 펼치기도 전에 침공 계획이 새 나가는 바람에 실패하고 말았어요. 이 사건 후, 쿠바는 미국을 더욱 미워했어요. 미국의 침공에 대비한다며 소련으로부터 더 많은 무기를 사들였지요.

그러던 1962년 10월, 미국은 쿠바에 핵무기를 쏘아 보낼 수 있는 미사일이 있다는 사실을 알아챘어요. 소련이 미국의 압력에서 쿠바를 보호하고 미국에 맞서기 위해 설치한 것이었지요. 미국도 이미 터키에 미사일 기지를 설치한 상태였거든요. 쿠바의 미사일을 확인한 미국 정부는 곧바로 해상 봉쇄령을 내렸어요.

"쿠바로 어떤 배든 오고 가지 못하게 막으시오. 혹시 무기를 싣고 오는 배가 있다면 무조건 압수하시오."

그리고 쿠바에 미사일 기지를 세우려는 소련에 말했어요.

"소련이 만약 미국에 핵무기를 하나라도 터뜨리면, 우리는 소련에 그 수십 배로 보복하겠소."

소련도 맞받아쳤어요.

"우리도 가만있지 않고

 해상 봉쇄령
바다로 선박이나 화물이 지나지 못하도록 막으라는 명령이야.

 압수
소유자에게서 강제로 물건을 빼앗아 보관해 두는 걸 말해.

쿠바 위기 당시 소련 배를 살피는 미국 비행기
1962년 미국은 소련이 쿠바에 핵탄두 미사일을 준 것을 알고 쿠바로 오가는 모든 배와 화물을 감시했다.

반격하겠소."

금방이라도 핵전쟁이 일어날 것처럼 두 나라는 으르렁댔어요. 그 때문에 미국과 소련은 물론 온 세계의 사람들이 공포에 떨었지요.

그렇게 여러 날이 지났고, 마침내 소련의 흐루쇼프는 미국의 케네디 대통령에게 편지를 보냈어요.

"미국이 쿠바를 침공하지 않겠다면, 우리도 쿠바에 배치한 미사일을 철수시키겠소."

결국 케네디도 약속을 지키겠다고 답장을 보냈지요. 쿠바의 핵미사일 위기는 일단 막을 내렸어요.

하지만 그 이후에도 미국과 소련의 냉전은 한동안 계속되었답니다.

베트남 전쟁

제2차 세계 대전 이후 둘로 갈라진 나라가 또 있었어요. 바로 베트남이었어요.

베트남은 1883년부터 프랑스의 지배를 받고 있었어요. 제2차 세계 대전이 터지고 프랑스가 독일에 점령당한 사이에는 일본이 베트남을 지배했지요. 일본은 제2차 세계 대전이 끝나자 베트남에서 물러났어요.

이때 호찌민(28쪽)이 이끄는 베트남 공산주의자들이 혁명을 일으켰어요. 일본의 꼭두각시였던 왕조를 무너뜨렸지요. 그리고 베트남 민주 공화국을 세웠어요.

그런데 프랑스가 베트남을 지배할 권리를 주장했어요. 결국 1946년 베트남 민주 공화국과 프랑스가 충돌했어요. 이후 8년간 전쟁이 이어졌지요.(인도차이나 전쟁)

베트남의 저항과 세계의 여론에 밀린 프랑스는 1954년 베트남에서 물러날 수밖에 없었어요. 이때

인도차이나 전쟁 이후 군사 분계선

제네바 협정
1954년 스위스 제네바에서 인도차이나 전쟁 종결을 위해 미국, 영국, 프랑스, 소련, 남·북 베트남 등 9개국이 참가한 회의에서 한 약속을 말해.

북베트남의 독립 운동 지도자, 호찌민
베트남의 가난한 집에서 태어나 프랑스로 건너가 일을 했다. 공산주의자로 활동하다가 베트남에 와서 독립 운동을 펼쳤다.

제네바 협정에 따라 북위 17도를 기준으로 베트남은 남과 북으로 나뉘었지요. 북베트남은 독립 운동 지도자였던 호찌민이 통치했고, 남베트남은 일본과 프랑스의 꼭두각시였던 바오다이가 다스렸어요.

북베트남의 호찌민은 주장했어요.

"남과 북 가릴 것 없이 모든 베트남 사람들이 힘을 모아 외국 세력을 몰아내고 남북을 통일합시다."

호찌민의 주장에 미국이 귀를 쫑긋 세웠어요.

"이러다 공산주의자 호찌민이 남베트남을 집어삼키는 거 아냐?"

미국은 한 나라가 공산주의 국가가 되면 이웃 나라들도 공산주의 국가가 되기 쉽다고 생각했어요. 더구나 남베트남의 바오다이는 아주 무능한 통치자여서 미국은 걱정이 더 컸어요. 남북 통일 선거를 하면 북베트남의 호찌민이 이길 것은 불 보듯 뻔했거든요. 그래서 베트남의 분단을 강화하기로 했어요. 미국은 바오다이를 물러나게 하고 응오딘지엠을 새로운 통치자로 내세웠어요. 응오딘지엠은 호찌민이 주장하는 남북 총선거에 반대하고, 군대를 강화했어요. 미국 군사 고문단이 이를 도왔지요. 그리고 남베트남 정부에 맞서는 무리를 공격하기 시작했어요. 1960년에 결성된 남베트남 민족 해방 전선이라는 단체였어요. 이들은 '베트콩'이라 불리며 게릴라 활동을 했는데, 북베트남의 도움을 받아 날로 강해졌지요.

응오딘지엠은 미국의 도움을 받아 남베트남 민족 해방 전선의 반격을 막아 보고자 애썼어요. 남베트남에 계엄령을 선포하기도 했지요. 하지만 이 혼란을 틈타 남베트남 군인들이 1963년에 쿠데타를 일으켰어요. 응오딘지엠은 쿠데타 세력에게 목숨을 잃고 말았지요.

쿠데타 성공으로 들어선 군사 정부도 무능하기는 마찬가지였어요.

그러던 1964년 어느 여름날이었어요.

"미국의 군함이 북부 베트남의 통킹만 앞바다를 순찰하던 중 북베트남의 공격을 받았습니다."

이를 통킹만 사건이라고 불러요. 하지만 정말로 미국 군함이 북베트남의 공격을 받았는지는 지금까지도 확

남베트남 민족 해방 전선의 깃발과 군인
베트남 공산주의자라는 뜻으로 '베트콩'이라고도 부른다.

 계엄령

비상시에 군대가 행정권, 사법권을 가지고 나라를 이끌게 하는 명령이야.

베트남 전쟁 참전 미군
미국은 때에 따라 징병제나 모병제를 실시했다. 남북 전쟁, 제1차·2차 세계 대전, 1948년부터 1973년까지는 징병제를 실시했다.

 함정
군사용으로 쓰이는 크고 작은 배를 가리켜.

실하지 않아요. 그렇지만 당시 미국은 이 사건을 구실로 베트남에서 전쟁을 확대하기로 결심했어요.

　미국은 복수를 한다면서 항공기를 보내 북베트남의 함정과 석유 저장소를 공격했어요. 1965년 2월부터는 폭격기를 보내 북베트남의 수도 하노이와 여러 도시들에 폭탄을 퍼부었어요. 뿐만 아니라 직접 군대를 남베트남에 상륙시키기까지 했어요. 하지만 남베트남 민족 해방 전선의 저항은 만만치 않았어요. 숨어 있다가 나타나 공격하고 밀림으로 숨어 버리는 게릴라 작전을 펼쳤지요. 그 작전에 미군도 쉽사리 힘을 쓰지 못했어요.

　그러자 미국은 더 많은 군대를 베트남에 보냈어요. 1965년에 18만여 명이었던 미군은 1969년에는 48만 명, 최고로 많을 때는 54만 명에 이르렀어요. 뿐만 아니라 미국은 다른 나라의 군대까지 베트남 전쟁에 끌어들였어요. 한국을 비롯해 호주와 필리핀의 군대가 남베트남을 돕기 위해 파견되었어요.

　그럼에도 불구하고 미국은 남베트남 민족 해방 전선을 물리치지 못했어요. 오히려 북베트남군까지 남으로 진격하는 바람에 점점 더 밀리기만 했지요. 다급해진 미국은 본토에서 군대를 더 모아 베트남에 보냈어요.

그래도 사정은 나아지지 않았어요. 남베트남 민족 해방 전선은 땅굴을 파고 숨어들거나 밀림 속에 위장하여 움직이면서 미군을 괴롭혔어요.

그러자 미군은 게릴라와 몰래 연락한다며 민간인들의 집을 불태웠어요. 남베트남 민족 해방 전선을 숨겨 주었다는 핑계로 수많은 주민들을 학살하기도 했지요. 밀림에 숨어든 게릴라를 찾는다며 고엽제를 뿌리기도 했고, 수많은 신무기로 베트남을 마구 공격했어요. 이 때문에 전쟁이 끝난 뒤에도 수많은 군인과 민간인이 후유증을 앓아야 했어요.

미국 본토에서는 전쟁을 반대하는 목소리가 높아졌어요.

"우리의 젊은이를 아무런 의미 없는 전쟁에 몰아넣지 말라! 우리는 평화를 원한다!"

미국 정부는 전쟁에 돈을 엄청나게 쏟아붓느라 재정 적자가 늘었어요. 미국 정부는 점점 더 궁지에 몰리고 있었지요. 게다가 미국

 **민간인**
관리나 군인이 아닌 보통 사람을 말해.

나무를 죽이는 고엽제
미군의 무기는 뛰어났으나 밀림을 잘 아는 남베트남 민족 해방 전선의 게릴라 작전에는 소용없었다. 결국 밀림을 없애기 위해 고엽제를 뿌렸다. 하지만 이를 맞은 참전 군인들은 전쟁 후에도 후유증에 시달렸다.

국내의 분위기가 좋지 않았어요.

결국 당시 미국 대통령이었던 닉슨은 미국 군대를 철수하기로 했어요.

1969년부터 미국 군대가 철수하기 시작했어요. 대신에 미국은 남베트남 군대 수를 늘렸어요. 그 때문에 베트남에서는 전쟁이 끝나지 않고 계속되었지요. 결국 1972년 봄, 북베트남 군대는 남베트남으로 계속 진격해 내려오며 대대적인 공세를 펼쳤어요.

미국과 북베트남은 본격적으로 교섭을 진행했어요. 하지만 미국은 협정 내용이 마음에 들지 않았어요. 미국은 계속 사인을 미루며 수정을 요구했지요. 북베트남은 이를 거부했고요.

닉슨은 북베트남을 압박하기 시작했어요. 12월 18일부터 크리스마스 폭격을 실시했지요. 그러자 세계적으로 미국을 비난하는 분위기가 거세졌어요. 미국 의회도 전쟁을 그만 멈추라고 강한 태도를 보였지요.

12월 말 북베트남이 협상에 응하겠다고 하고 나서야 미국은 폭격을 멈추었어요. 1973년 1월 미국과 북베트남은 파리 협정을 맺었지요.

교섭
어떤 일을 이루기 위해 서로 의논하는 걸 말해.

크리스마스 폭격
1972년 12월 18일부터 30일까지 미국이 북베트남의 중심지인 하노이와 그 주변에 폭격을 퍼부은 사건을 말해.

협정에서 휴전하기로 약속했지만 남베트남에서는 여전히 원래 남베트남 정권과 남베트남 민족 해방 전선이 계속 싸웠어요. 북베트남까지 나서서 1975년 4월 말 마침내 사이공을 점령했어요. 이렇게 해서 베트남 전쟁은 미국의 패배, 공산주의 혁명 세력의 승리로 돌아갔어요.

전쟁을 치르는 동안 수백만 명의 사람들이 죽었어요. 보트피플(배 위의 사람들)이라고 불리는 사람들도 생겨났지요.

사이공
베트남 남부에 있는 도시로 1976년에 호찌민으로 이름이 바뀌었어.

이들은 북베트남 정부를 반대하며 나라를 떠나 바다 위를 떠돌아야 했어요. 뿐만 아니라 베트남 국토 역시 말할 수 없이 엉망이 되고 말았지요.

역사상 처음으로 미국 정부와 군은 전쟁에서 패배를 맛보았어요. 또한 본토와 세계 사람들로부터 비난을 받아야 했답니다.

 소련의 침략

미국이 베트남에서 한참 어려움을 겪고 있을 때였어요. 소련이 느닷없이 이웃 나라인 체코슬로바키아를 공격했어요. 체코슬로바키아에 일어난 개혁의 바람 때문이었지요.

이전까지 체코슬로바키아 정부는 소련과 친했어요. 그런데 스탈린이 죽은 뒤부터 체코슬로바키아에 조금씩 민주화와 자유화의 바람이 불기 시작했어요. 점점 더 조직적으로 민주화 운동이 펼쳐졌지요.

마침내 1968년, 공산당 지도자 둡체크가 사회주의도 국민을 중심으로 해야 한다고 선언했어요.

"이제부터 사람의 얼굴을 한 사회주의가 이루어져야

 사회주의
사회주의(공동 소유 주장)가 공산주의(국가 중심 공동 소유 및 분배 주장)를 포함하고 있다고 볼 수 있어.

합니다."

그리고 여행이나 이사를 마음대로 갈 수 있으며, 언론과 책으로 하고 싶은 말도 자유롭게 발표할 수 있도록 했어요.

체코슬로바키아 사람들은 이러한 조치를 두 손을 들고 환영했어요. 이것을 '프라하의 봄'이라고 해요.

하지만 소련은 이런 체코슬로바키아의 움직임이 아주 못마땅했어요. 미국이 그랬던 것처럼, 소련도 이웃나라가 다른 생각을 하는 것을 좋아하지 않았기 때문이에요.

그래서 1968년 8월 20일, 소련은 체코슬로바키아를 점령했어요. 소련군 탱크 부대가 국경을 넘었고, 수도 프라하에는 소련군의 낙하산 부대가 착륙했어요. 불과 몇 시간 만에 소련군이 프라하를 뒤덮었지요. 바르샤바 조약 기구의 군대를 포함해 약 20만 명의 군대가 동원되었어요.

소련군은 즉시 체코슬로바키아의 개혁을 이끌던 지도자들을

체코슬로바키아의 공산당 지도자, 둡체크
1939년 공산당에 입당한 이후 1968년 체코슬로바키아 공산당 제1서기가 되었다. 민주화 운동을 추진하다 추방되었다.

소련군 탱크와 맞선 체코슬로바키아 사람들
1968년 체코슬로바키아에서 일어난 민주 자유화 운동(프라하의 봄)을 막기 위해 소련에서 군대를 보냈다. 이를 체코 사태라고 한다.

체포했어요. 그리고 곧바로 모스크바로 끌고 갔지요.

 체코슬로바키아 사람들은 맨손으로 소련군 탱크에 저항했어요. 어떤 사람은 돌을 던지고, 벽에 페인트로 "소련군은 돌아가라!"라고 쓰는 사람도 있었어요. 하지만 그것으로는 소련군을 물리칠 수가 없었어요. 결국 프라하의 봄은 막을 내리고 말았지요.

 소련은 10년 뒤인 1979년에는 아프가니스탄을 침공했어요.

 제2차 세계 대전 이후부터 소련은 아프가니스탄이 소련 편이 되기를 바라며 원조를 아끼지 않았어요. 아프가니스탄은 소련이 중동과 인도양으로 나가는 문이 되어 줄 수 있기 때문이었어요. 아프가니스탄은 한동안 소련에 의지하거나 중립 정책을 펴면서 독립을 유지했지요.

 그러나 아프가니스탄에서는 쿠데타가 자주 일어났어

중동
서아시아와 그 부근의 지역을 말해.

중립 정책
나라들 사이의 전쟁이나 분쟁에 끼어들지 않고, 어느 편도 들지 않는 정책이야.

요. 그만큼 정권이 자주 바뀌었지요. 1978년에는 미국에 유학 갔던 아민이 권력을 손에 쥐었어요. 아민은 소련이 아프가니스탄 나랏일에 간섭한다고 비난했지요.

소련은 아프가니스탄이 미국 쪽으로 돌아설까 걱정되었어요. 결국 소련은 1979년 12월, 아프가니스탄을 침공했어요. 이에 항의하며 미국은 소련에 곡물을 수출하지 않기로 했지요. 또한 1980년에 모스크바에서 열린 올림픽에도 참가하지 않았어요.

그럼에도 불구하고 소련은 아프가니스탄에서 물러나지 않았어요. 하지만 몹시 힘겨웠어요. 미국이 베트남에서 그랬던 것처럼 말이에요.

게다가 아프가니스탄 국민들은 대부분이 이슬람교도였어요. 반면 소련은 종교를 부정하는 나라였지요. 아프가니스탄 국민들은 이 사실이 못마땅했어요. 게다가 이들은 독립심이 강했어요. 소련의 간섭을 받지 않으려 했지요.

"우리는 알라를 위해 싸울 것이다!"

이런 사람들은 반군이 되었어요. 반군은 성스러운 이슬람 전사라는 뜻으로 무자헤딘(38쪽)이라고 불렸지요. 이들은 소련군과

알라
이슬람교의 유일신을 말해.

아프가니스탄을 침략한 소련 헬기와 탱크
1979년 소련은 아프가니스탄이 미국 편이 될지 모른다는 걱정에 침공했다. 전쟁은 이후 십여 년간 계속되었다.

이슬람 전사 무자헤딘
종교적인 신념이 강했으며, 미군이 지원해 주는 무기는 물론, 소련군으로부터 획득한 무기도 갖추었다. 소련은 이들을 쉽게 이길 수 없었다.

싸웠어요.

소련군은 전차를 비롯해 최신형 헬기 등을 동원해 반군을 공격했어요. 군대의 인원도 점차 늘렸지요. 하지만 소련군은 큰 효과를 보지 못했어요.

무자헤딘은 산악 지역을 누비며 소련군과 공공시설을 공격했고, 소련군에게 협력하는 사람들을 살해했어요. 더구나 미국이 이들에게 무기를 지원하고 있었어요. 그 때문에 무자헤딘을 소탕하기가 쉽지 않았지요. 특히 스팅어 미사일이 효과

공산주의가 무서워!

냉전 시대에 소련과 미국은 자신의 동맹국끼리 똘똘 뭉쳐서 상대편을 미워하고 두려워했어요. 특히 소련과 중국의 공산주의 혁명을 지켜본 미국인들은 나라 안의 공산주의자들이 세력을 키워 혁명을 일으킬까 봐 두려워했어요. 그래서 공산주의자로 짐작되는 사람들을 잡아들이고 혐의가 인정되면 사형에 처하기도 했어요.
이때 미국의 한 정치인 '조셉 매카시'가 미국 안에서 활동하는 공산주의자들이 누구인지 안다면서 이름을 공개했어요. 이름이 공개된 수많은 사람들은 혐의를 제대로 입증할 시간도 없이 명예, 재산 등 모든 것을 잃었어요. 마치 마녀 사냥을 당하듯이요. 하지만 알고 보니 매카시의 명단은 근거가 없었어요. 다만 매카시의 주장일 뿐이었어요. 결국 매카시는 정치계를 떠나야 했지요. 이렇게 정치적 반대자들을 공산주의자로 몰아가며 공격했던 극단적인 태도를 '매카시즘'이라고 해요.

를 발휘했어요. 단순한 조작만으로도 소련군의 헬기를 쉽게 격파할 수 있었지요.

여기에 더하여 사우디아라비아까지도 막대한 돈을 아프가니스탄에 지원했어요. 같은 이슬람 국가를 지원한다는 명목이었어요.

소련군은 거듭 패했어요. 소련군의 사기가 점점 떨어졌지요. 나중에는 무기를 팔아먹는 군인들까지 생겨났어요.

마침내 소련 공산당 서기장 고르바초프(44쪽)는 아프가니스탄에서 군대를 철수하기로 마음먹었어요. 베트남에서 미국이 맛보았던 패배를 경험한 거예요.

스팅어 미사일

어깨에 메고 발사하는 작은 대포와 같은 무기야. 낮게 나는 비행기, 헬리콥터 등을 공격할 수 있었어.

독일과 베트남처럼 분단된 국가들은 결국 어떻게 되었을까?

1장 냉전 시대의 전개 39

냉전 시대 미국과 소련의 우주 경쟁

1950~1980년대까지 미국과 소련은 우주 개발 분야에서도 경쟁했어요.

소련

1957년 10월 : 세계 최초의 인공위성 발사
세계 최초로 인공위성(지구 등 행성 주위를 돌도록 만든 장치) 스푸트니크 1호를 발사했어요.

1957년 11월 : 생명체(개)를 태운 인공위성 발사
'라이카'라는 이름의 개를 태운 인공위성 스푸트니크 2호를 발사했어요.

1961년 4월 : 첫 유인 우주선 발사
우주 비행사 유리 가가린을 태운 보스토크 1호가 지구 궤도를 1시간 넘게 돌았어요.

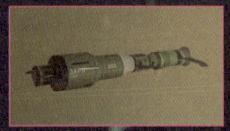

1971년 4월 : 세계 최초의 우주 정거장 발사
최초의 우주 정거장(지구 궤도를 도는 유인 인공위성. 우주 비행사, 연구자들이 오랜 기간 머물 수 있음) 살류트 1호에서 세 명의 우주 비행사들이 약 20일간 머물며 연구 활동을 했어요.

1986년 2월 : 우주 정거장 미르 발사
2001년까지 수천 명의 우주 비행사, 연구자들이 머물며 여러 가지 연구를 했어요.

미국

1958년 1월 : 첫 인공위성 발사
미국이 소련의 인공위성 발사에 충격을 받고 박차를 가해 인공위성 익스플로러 1호를 발사했어요.

1958년 10월 : 나사(미국 항공 우주국) 설립
미국이 소련과의 우주 경쟁에서 이기기 위해 설립한 우주 항공 연구 기관이에요. 그 전까지 흩어져 있던 우주 개발 기관들을 합쳐 새롭게 만들었지요.

1969년 7월 : 미국의 우주선 달 착륙
우주선 아폴로 11호가 달 표면 착륙에 성공했어요.
우주 비행사 닐 암스트롱이 인류 최초로 달 표면을 밟았지요.

1973년 5월 : 우주 정거장 발사
아폴로 프로젝트를 진행하면서 남은 로켓과 우주선 등으로 우주 정거장 '스카이랩'을 만들어 발사했어요.

1976년 7월 : 화성 탐사선 착륙 성공
화성 탐사선 바이킹 1호가 화성에 착륙하여 지구에 사진을 전송했어요.

1981년 4월 : 최초의 유인 우주 왕복선 발사
이전과 달리 우주와 지구 사이를 여러 번 오갈 수 있도록 만들어진 유인 우주 왕복선 컬럼비아호가 처음으로 발사되었어요.

미국과 소련이 경쟁하면서 인류의 우주 과학 기술은 엄청나게 발전했답니다!

2장 냉전의 종말과 그 이후

 헉헉! 힘들어! 난 에리카라고 해. 지금은 뜀박질을 멈출 수가 없어. 빨리 베를린 장벽으로 달려가야 해. 사람들이 베를린 장벽을 부수고 있대. 이제 서독과 동독은 통일이 되는 거야. 동독과 서독을 마음껏 오갈 수 있는 거지. 베를린 장벽이 무너지면, 우리 할머니도 동독에 계신 동생을 만날 수 있다면서 좋아하셨어. 부서진 베를린 장벽의 벽돌 한 장을 기념으로 가져가서 할머니께 선물할 거야.

소련의 개방

1920년대 이후 1960년대까지 소련의 경제는 꾸준히 발전했어요. 하지만 1970년대부터 소련의 경제가 침체되기 시작했어요.

사람들은 일할 의욕을 점차 잃어 갔어요. 자기 재산은 없고 나라가 모든 산업 시설과 재산을 소유했거든요. 일을 많이 하든 적게 하든 받는 것은 똑같았지요.

관료주의도 심해졌어요. 관리들은 무능했고, 부정부패를 일삼았어요. 책임은 안 지고 권위만 내세웠지요. 게다가 아프가니스탄 침공이 길어지면서 경제는 점점 어려워졌어요. 국력은 약해지고 국민들의 불만은 높아만 갔어요.

이런 즈음에 소련의 새 지도자로 등장한 사람이 고르바초프였어요. 1985년 3월, 고르바초프는 공산당 서기장으로 선출되었어요. 54세의 젊은 나이였어요.

고르바초프는 가장 먼저 위기에 빠진 소련의 경제를 살려 내야 한다고 생각했어요. 그래서 서기장에 취임한 이듬해 이렇게 말했어요.

"정치, 경제 체제는 물론이고, 사회생활 모든 부

소련의 새 지도자, 고르바초프
지방 농부의 아들로 태어나 1952년 공산당에 입당한 이후 공산당 서기장까지 되었다. 개방과 개혁을 추진하고, 냉전을 해소하여 세계 평화를 앞당긴 공로로 1990년 노벨 평화상을 받았다.

문에서 페레스트로이카가 필요합니다!"

페레스트로이카라는 말은 러시아 어로 '개혁'이란 뜻이에요. 스탈린 이후 소련 사회의 모든 분야를 바꾸어 보겠다는 것이었지요.

고르바초프의 개혁, 페레스트로이카 기념 우표
고르바초프는 소련의 심각한 경제 위기, 이를 깨닫지 못할 정도로 폐쇄적인 관료 사회의 문제를 느끼고 정치, 경제 등 나라 모든 분야에서 개혁을 추진했다.

그리고 민주적인 사회를 만들기 위해서, 고르바초프는 글라디노스트(개방)를 주장했어요.

"성공적으로 개혁(페레스트로이카)하기 위해서는 누구나 자유롭게 의견을 나누어야 합니다. 정부의 정책이나 정보가 투명하게 공개되어야 합니다."

이에 따라 스탈린 이후 감추어졌던 수많은 정보가 공개되기 시작했어요. 이전까지 정부와 권력자들이 한 잘못들이 TV 등을 통해 낱낱이 드러났지요. 고발과 비판도 이어졌어요. 소련의 억압적인 체제를 반대했던 작가들의 작품이 비로소 인정받기 시작했어요. 서방 세계의 자유분방한 문화가 들어오기도 했지요.

고르바초프는 냉전 때의 대립보다는 평화와 대화를 원했어요. 무엇보다 핵무기 개발 경쟁을 멈추어야 한다고 생각했어요.

"핵전쟁에는 승자도 패자도 없습니다. 핵전쟁은 세계

를 파멸로 이끄는 지름길입니다."

소련은 그동안 미국과 경쟁하며 힘을 자랑해 왔어요. 하지만 더 이상 무기 개발에만 돈을 쏟아부을 수가 없었어요. 경제가 어려워졌기 때문이에요. 무기를 더 갖기 위한 경쟁을 멈춰야 할 상황이었지요. 그리고 서방의 국가들과 협력하지 않으면 후진 국가로 떨어지고 말 위기였어요.

결심을 굳힌 고르바초프는 1987년 10월 북유럽을 핵무기가 없는 지역으로 만들자고 제안했어요. 그해 12월에는 미소 정상 회담을 열어 중거리 핵 폐기 협정을 체결했고요. 꼭 1년 뒤에는 동유럽에서 소련군을 대부분 철수시키겠다고 선언했지요.

1989년에는 쿠바에 대한 원조를 크게 줄였어요. 미국과의 긴장을 풀기 위해서였어요. 아프가니스탄에서도 소련군을 완전히 철수시켰어요. 이어 몰타에서 미소 정상 회담을 열어 핵무기를 줄이기로 뜻을 모았지요. 동시에 냉전은 끝났다고 선언했어요.

몰타
유럽 남부 지중해에 있는 나라야.

미국과 소련의 중거리 핵 폐기 협정
미국 대통령 레이건과 고르바초프가 1987년 만나 약 천 개의 중거리 핵전력(500~5,500킬로미터까지 날아갈 수 있는 미사일과 발사대, 지원 시설, 장비 등)을 3년 안에 없애기로 하며 맺은 협정이다.

그러나 고르바초프의 페레스트로이카는 오래지 않아 위기를 맞았어요. 정부의 정보가 공개되면서 국민들이 옛 공산당의 폐해에 대해 더 많이 알게 된 것이 문제였어요.

"공산주의 자체가 문제예요. 그것 때문에 우리가 지금까지 못살았던 거예요."

그뿐 아니었어요. 그동안 억눌려 살았던 소련 내의 여러 공화국들도 불만을 터뜨렸지요. 급기야 러시아 공화국의 옐친 대통령이 주장했어요.

"러시아 공화국의 법이 소련 헌법보다 우위에 있다."

터져 나오는 국민들의 불만에 소련 공산당의 핵심 간부들은 불안해했어요. 고르바초프의 개혁이 지속되면, 자신들의 권력을 빼앗길지 모른다는 생각에까지 이르게 되었어요.

결국 이들은 쿠데타를 일으켰어요. 고르바초프가 휴가를 떠난 사이였지요. 야나예프 부통령, 파블로프 총리, 크류치코프 국가 보안 위원회(KGB) 의장을 비롯한 정부의 고위 관료 8명이 국가 비상사태 위원회를 설치했어요. 그리고 고르바초프를 꼼짝 못 하게 가두고 국민들에게 발표했어요.

러시아 공화국 대통령, 옐친

1961년 공산당에 입당하였으며 1991년 소련의 여러 공화국 중 하나인 러시아 공화국의 대통령이 되었다. 쿠데타를 막았으며 이후 독립 국가 연합을 만들고 이끌었다.

러시아 공화국

소련을 구성하고 있던 15개의 공화국 중 가장 큰 공화국이었어.

"고르바초프가 병에 걸려 부통령에게 정권을 넘겨주었습니다."

하지만 시민들은 믿지 않았어요. 특히 옐친은 공산당 간부들이 거짓말을 하고 있다고 생각했지요. 옐친은 홀로 러시아 의사당 건물 앞으로 나가서 시위를 벌였어요. 쿠데타는 안 된다면서요.

그러자 순식간에 수많은 시민들이 모여 의사당 앞에서 함께 시위를 벌였어요.

국가 비상사태 위원회는 즉시 군대에 의사당을 공격하라고 명령을 내렸어요. 하지만 그들은 말을 듣지 않았어요. 오히려 전차 부대가 달려와 의사당을 보호했지요. 특수 부대도 명령을 거부했어요.

"우리는 공산주의 시절로 돌아가지 않을 것입니다!"

결국 아무도 협조하지 않은 쿠데타는 실패했어요. 고르바초프는 곧 풀려났어요. 쿠데타 세력 중 한 명은 스스로 목숨을 끊고, 일곱 명은 체포되었지요. 모스크바로 돌아온 고르바초프도 공산당 서기장 자리에서 물러났어요.

쿠데타를 틈타 옐친은 소련 공산당의 재산을 모두 러시아 공화국 것으로 만들었어요. 사실상 국가의 권력을 손안에 넣은 것이지요. 그리고 얼마 후, 옐친은 15개 공화국으로 이루어졌던 소련을 해체했어요. 그러면서 11개 공화국이 모여 독립 국가 연합(CIS)을 세웠다고 발표했어요.

소련을 이루고 있던 15개의 공화국은 모두 독립했어요. 크렘린 궁전에 걸렸던 소련의 국기가 내려지고, 옛날 러시아의 삼색기가 다시 게양되었답니다.

러시아의 삼색기
소련이 해체되자 독립한 러시아, 우크라이나, 키르기스스탄 등 11개 공화국이 러시아를 중심으로 독립 국가 연합을 이루었다.

15개 공화국
소련을 이루던 15개 공화국 중 조지아, 에스토니아, 라트비아, 리투아니아는 독립 국가 연합에서 빠졌어.

11개 공화국
러시아, 우크라이나, 벨라루스, 몰도바, 카자흐스탄, 우즈베키스탄, 투르크메니스탄, 타지키스탄, 키르기스스탄, 아르메니아, 아제르바이잔 공화국을 말해.

2장 냉전의 종말과 그 이후

 베를린 장벽의 붕괴

🧒 일당 독재
하나의 정당(정치 이념이 같은 사람들의 모임)이 나라의 권력을 차지하고 마음대로 하는 걸 말해.

1989년 루마니아 혁명
1967년 루마니아 사회주의 공화국의 원수가 된 차우셰스쿠는 오래 독재하며 경제를 파탄 내고 국민들을 억압했다. 결국 1989년 12월 시민 민주 혁명이 일어나 공산당 독재가 끝나고 민주화되었다.

이미 1970년대부터 동부 유럽 국가의 국민들은 공산당 정부에 불만이 많았어요. 무기를 사들이고 군인들을 늘리는 데 돈을 쓰다 보니 경제가 어려워졌거든요. 소련의 간섭도 심했어요. 국민들은 자유를 빼앗긴 채 힘겹게 살아가고 있었지요.

그런데 소련의 고르바초프가 페레스트로이카를 외치며 새로운 바람을 일으켰어요. 하지만 개혁 조치는 곧 실패하고 소련 연방이 해체되었지요. 그러자 동유럽 공산주의 국가들도 개혁과 개방을 외치기 시작했어요.

헝가리는 1989년 헝가리 사회주의 노동당이라는 공산당 이름을 서유럽식으로 헝가리 사회당이라고 바꾸었어요. 그러면서 공산당 일당 독재 체제를 끝냈어요. 나라 이름에도 사회주의라는 단어를 빼서 '헝가리 공화국'이라고 바꾸었지요.

폴란드에서는 동유럽 최초로 자유 총선거가 실시되었어요. 그리고 노동조합(52쪽) 지도자 바웬사가 대통령에 당선되었어요. 공산당의 일당 독재 체제가 무너진 거예요.

루마니아에서는 민주화를 요구하는 시위가 벌어졌어요. 국민들은 독재자 차우셰스쿠를 몰아내는 데 성공했지요.

한편, 동독 국민들은 서독을 부러워하고 있었어요. 자신들은 감시 속에서 억압당하며 살고 있는데 서독 사람들은 자유를 만끽하며 경제적으로도 발전하고 있었거든요. 그 때문에 위험을 무릅쓰고 서독으로 탈출하려는 사람들이 많아졌어요.

동독 정부는 서독과의 교류를 금지하고, TV 수신을 금지하는 등 온갖 조치를 취했어요. 하지만 소용이 없었지요.

어떤 사람들은 서독으로 넘어가기 위해 장벽 아래로 땅굴을 파기도 했고, 거대한 풍선이 달린 기구를 타기도 했어요.

그러던 중에 헝가리가 오스트리아와의 국경선에 가로놓여 있던 철조망을 철거했어요. 그러자 동독

베를린 장벽 희생자 추모비
베를린 장벽을 넘어 동독에서 서독으로 가려던 수많은 사람들이 죽음을 맞았다.

🧑 **노동조합**
노동 환경과 노동자의 지위를 좀 더 좋게 만들기 위해 노동자가 만드는 단체야.

🧑 **해임**
맡은 지위나 일을 그만두게 하는 것을 말해.

사람들이 오스트리아와 헝가리를 거쳐 서독으로 탈출하는 일이 잦아졌어요. 서독과 동독을 가로지른 장벽을 직접 넘는 것보다 그 편이 훨씬 안전했으니까요.

이러한 사건은 매일 신문에 보도되었어요. 동독을 탈출하려는 사람들은 더욱 늘어갔지요.

바로 그즈음, 소련의 고르바초프가 동독을 방문했어요. 고르바초프는 동독의 호네커 서기장에게 개방과 개혁을 서두르라고 조언했지요.

그렇지 않아도 동독의 여러 도시에서는 시위가 계속 일어나고 있었어요. 자유롭게 여행할 권리와 선거권을 달라면서요.

동독을 통치하던 사회주의 통일당도 이런 국민들의 요구에 등을 돌리고 있을 수만은 없었어요. 당에서는 호네커 서기장을 해임시키기로 했어요. 그리고 새로운 서기장이 된 크렌츠는 과감한 개혁을 약속했어요.

그럼에도 불구하고 수많은 사람들이 시위를 벌였어요. 일당 독재 폐지와 자유를 외치면서요. 이 시위는 전국으로 퍼져 나갔어요. 동독을 탈출하는 사람들은 계속 늘어났어요. 1989년 한 해 동안에만 수십만 명이 동독을 떠났지요. 그 바람에 문을 닫는 공장이 점차 많아졌어요. 어떤 병원에서는 의사가 없어 진료를 할 수 없게 되었지요.

11월 9일, 결국 동독 정부는 동·서독을 가로막는 장벽의 문을 열 수밖에 없었어요.

여행 자유화가 발표되자 많은 동독 사람들이 베를린 장벽으로 몰려갔어요. 처음에는 미처 연락을 받지 못한 검문소의 경비병들이 막아섰어요. 하지만 밀물처럼 몰려오는 군중을 감당할 수는 없었어요.

"아무도 우리를 막을 수 없다!"

베를린 장벽 위로 올라간 사람들
동·서독 분단의 상징이었던 베를린 장벽은 1989년 철거되었다.

동독의 국민들은 베를린 장벽 위에 올라가 소리쳤어요. 어떤 시민은 그 위에서 춤을 추고 노래를 불렀어요.
"이럴 게 아니라, 동독과 서독을 가로지르는 벽을 아예 부숴 버립시다!"

누군가 외쳤어요. 그러자 기다렸다는 듯, 수많은 사람들이 여기저기서 망치와 삽을 들고 나와 벽을 부수기 시작했어요. 어떤 곳에는 담장에 구멍이 뻥 뚫렸고, 어떤 곳은 와르르 무너져 내렸어요. 그때마다 사람들은 환호성을 질렀지요. 이젠 아무도 동독 국민들을 말릴 수가 없었어요.

이 소식을 듣고 서독 국민들도 달려왔어요. 이들은 하나가 되어 부둥켜안고 울었어요.

다음 날, 철통 같았던 동독의 감시 초소는 텅 비었어요. 부서진 담장의 벽돌들만 굴러다녔어요. 이날부터 매일 2천 명 이상의 동독 국민들이 서독으로 넘어갔어요. 동독은 더 이상 국가로서 힘을 잃고 말았지요.

그로부터 1년 뒤, 동독과 서독은 정식으로 절차를 밟아 통일이 되었어요. 분단된 지 41년 만이었지요.

통일 후에도 어려움은 있었어요. 준비 없이 통일이 이루어진 탓에 동독 지역에는 실업자가 늘었어요. 게다가 동독과 서독의 화폐 가치 차이가 너무 컸어요. 동독

 초소
병사들이 경계선이나 출입문으로 오가는 사람이나 차를 감시하는 곳이야.

서독으로 가는 동독 사람들
1989년 베를린 장벽이 무너지고 동·서독을 자유롭게 오갈 수 있게 되자 수많은 동독 사람들이 아예 서독으로 이사를 갔다. 이런 집단 이주가 독일 통일을 앞당겼다.

여러 지역이 가난한 사람들만 사는 지역으로 되고 말았지요.

뿐만 아니라 마음의 장벽도 남아 있었어요. 서독 사람들은 동독 출신 사람들이 여전히 공산주의를 따르는 게 아닌지 의심했어요. 고용에도 차별을 두었지요. 동독 사람들은 그들대로 오로지 경쟁만 하는 서독 사람들이 미덥지가 않았어요.

독일의 통일은 전 세계 사람들에게 커다란 충격을 주었어요. 이는 공산주의의 몰락으로 보였어요. 이제는 자본주의 진영을 이끌었던 미국이 세계의 중심으로 우뚝 서게 되었지요.

🙂 **고용**
대가를 주고 일을 시키는 걸 말해.

 초강대국 미국의 변화

제2차 세계 대전 이후, 미국은 유럽 경제가 회복되도록 도와주었어요. 그렇게 해서 유럽을 미국의 시장으로 만드는 데 성공했지요. 또한 앞장서서 공산주의가 퍼져 나가지 못하도록 막았어요.

미국은 이렇게 세계의 모든 문제에 개입하며 초강대국이 되어 갔어요.

하지만 그렇다고 미국이 내내 평화롭지는 않았어요. 우선 소련에 맞서 핵전쟁의 위험에 긴박하게 대처해야 했어요. 베트남 전쟁에서는 쓰라린 패배를 맛보아야 했지요. 그러는 동안 국내에서는 케네디 대통령의 암살 사건과 닉슨 대통령이 개입한 도청 사건이 터지기도 했어요. 카터 대통령이 취임한 뒤에는 제2차 석유 파동까지 터졌지요. 소련의 아프가니스탄 침공도 꽤나 신경 쓰였어요.

골치 아픈 문제가 계속 이어지자 미국 경제가 가라앉기 시작했어요. 미국 상품의 국제적 경쟁력이 빠르게 추락했지요.

이런 상황이 지속되면서 미국이 꿈꾸고 있던 팍스 아메리카나의 꿈은 점점 약해졌어요. 바로 이때, 대통령

 도청
남의 대화나 통화를 몰래 엿듣는 일을 말해.

 **제2차 석유 파동**
1978년부터 1980년까지 아랍 국가들이 석유 값을 올리고 생산을 제한하면서 세계 경제가 몹시 어려워졌던 일이야.

 **팍스 아메리카나**
라틴어로 미국이 주도하는 세계 평화를 뜻해.

선거에 나선 레이건이 '강한 미국'이라는 구호를 외쳤어요. 1980년이었지요.

"내가 대통령이 되면, 위대한 미국을 다시 일으켜 세울 것입니다."

레이건은 땅에 떨어진 미국의 체면을 회복시키고 싶었어요. 냉전 상황을 부활시켜서라도요.

레이건은 군사 시설과 무기를 강화했어요. 당시 서아시아 지역에서는 빈번하게 전쟁이 일어나고 있었어요. 소련의 영향력이 큰 곳도 있었지요. 그 틈바구니에서 미국은 전쟁에 자주 끼어들었어요. 소련을 막고 미국인들을 보호한다면서요. 그레나다를 비롯한 중남미 국가에서도 여러 번 군사 작전을 시도했어요. 미국과 친한 정권을 세우기 위해서였지요.

그러다 보니 문제가 생겼어요. 돈을 너무 많이 쓰는 바람에 재정 적자가 커졌거든요. 무역 적자도 늘어났어요. 결국 1985년, 미국은 세계에서 가장 빚이 많은 나라가 되고 말았어요. 이 무렵 자본주의의 중심은 미국 하나가 아니었어요. 일본과 유럽도 강력한 자본주의 세력이 되어 있었어요. 미국은 더 이상 세계의 중심

제40대 미국 대통령 레이건
사진 속 오른쪽의 레이건은 아나운서와 배우로 활동하다가 1962년 공화당에 입당한 이후 '강하고 풍요로운 미국'을 내세워 대통령에 당선되었다. 군사력을 키워 평화를 지키고 세금을 줄여 경제를 되살리려 하였다.

 적자
버는 돈보다 쓰는 돈이 많아서 생기는 결손을 가리켜.

무역 협상 우루과이 라운드
1986년부터 1993년까지 우루과이에서 여러 나라가 모여 관세 및 무역에 관한 여러 가지 조건을 의논했다. 그 타결 내용이 지켜지는지를 세계 무역 기구(WTO)가 감시하고 있다.

복지
국민들이 좀 더 인간답고 행복하게 살아가도록 하는 정책을 말해.

신자유주의
시장 경제에 국가가 최대한 개입하지 말아야 한다는 이념이야.

소수 민족
여러 민족으로 이루어진 나라에서 인구가 적은 민족을 가리켜.

역할을 할 수 없게 되었지요.

그러자 미국은 우루과이 라운드를 제안했어요. 경제 위기에서 벗어나 다시 세계를 움직일 힘을 갖기 위해서였어요. 미국은 '세계적인 무역 질서를 세우자!'는 구호를 내걸었어요.

사실 우루과이 라운드는 세계 무역 시장을 다시 미국 중심으로 만들려는 시도였어요. 미국의 농산물과 저작권 등을 세계에 팔기 유리한 협정이었지요. 미국은 제조업에서 약해지고 서비스 산업과 농업 부문에서 앞서 가고 있었거든요.

세계 무역 기구(WTO)를 통해 자유 무역이 진행되었어요. 전 지구를 하나의 시장으로 만들려는 노력이 이어졌지요. 여기에는 복지를 줄이고 경제 성장을 더 중요하게 여기는 신자유주의가 깔려 있었어요.

신자유주의는 문제가 많았어요. 작은 나라들이 경쟁력이 충분하지 않은 상태에서 거대한 외국에 시장을 열어야 했거든요. 그 때문에 산업이 무너진 나라도 있었어요. 생활에 꼭 필요한 수도나 의료 분야까지도 더 많은 이익을 내야만 했지요. 노동자, 소수 민족처럼 가난한 사람들에 대한 복지 혜택도 약해졌어요.

미국의 신자유주의 정책 때문에 세계의 여러 나라들이 골머리를 앓게 되었지요.

 유럽 연합의 등장

세계가 미국과 소련 중심으로 나뉘어 있을 때, 유럽에서는 유럽 나라들끼리 힘을 합쳐야 한다는 이야기가 나오고 있었어요.

"제1, 2차 세계 대전 같은 전쟁을 피하기 위해서라도 유럽의 모든 나라들이 단결할 필요가 있어요."

"맞아요. 민족 국가를 넘어서 정치, 경제적으로 하나가 되어야 해요."

서유럽의 면적은 미국 정도였어요. 하지만 민족과 국가들이 수없이 많고 역사와 문화가 달라서 늘 갈등이 끊이지 않았어요. 게다가 소련을 중심으로 하는 공산주의 세력이 유럽을 위협하고 있었어요.

미국의 경제적 팽창도 유럽 사람들에게는 크나큰 근심거리였어요. 제2차 세계 대전 후 유럽 대부분의 나라들은 미국의 도움으로 경제 위기를 이겨 냈어요. 미국의 경제에 기대지 않을 수 없었지요. 유럽 나라들은 경제적으로 미국에 묶일 수도 있다고 생각했어요.

독일도 걱정거리 중 하나였어요.

서독의 경제가 다른 서유럽의 나라들에 비해 눈에 띄게 발전하고 있었거든요.

"독일이 다시 힘을 키우면 앞으로 무슨 일이 벌어질지 몰라요."

특히 프랑스와 영국은 두려움이 컸어요. 얼른 유럽 공동체를 만들어 독일을 그 안으로 끌어들여야겠다고 생각했지요.

처음으로 유럽 통합의 가능성을 보여 준 것은 유럽

통합
둘 이상의 조직이나 기구를 하나로 합치는 걸 뜻해.

우리가 힘을 합쳐야 해!

유럽 석탄 철강 공동체 본부
1967년까지 룩셈부르크의 본부에서 유럽의 석탄, 철강 가격, 생산량, 각국 할당량 등을 결정했다. 조약을 어기는 나라에는 벌금을 부과했다.

석탄 철강 공동체(ECSC)였어요.

"무기를 만들려면 철강과 석탄이 필요해요. 석탄과 철강을 여러 나라가 함께 관리하면 전쟁이 날 위험이 줄어들 거예요."

1950년 프랑스와 독일을 비롯한 이탈리아, 네덜란드, 벨기에와 룩셈부르크가 유럽 석탄 철강 공동체를 정식으로 만들었어요.

하지만 이것만으로 유럽을 하나로 묶을 수는 없었어요. 1950년대 후반에 들어서면서 과학 기술이 크게 발달했거든요. 항공, 석유 화학 같은 새로운 산업이 출현한 거예요.

"이제 회원국들 사이에 철강과 석탄뿐만 아니라, 모

🙂 **석유 화학**
석유나 천연가스를 원료로 화학제품을 만드는 산업을 가리켜.

2장 냉전의 종말과 그 이후 61

든 상품과 서비스가 자유롭게 이동하게 합시다."

"좋은 생각이에요. 이제는 경제에 관한 정책을 우리 함께 세웁시다. 회원국들을 한 나라의 시장처럼 묶을 필요가 있어요."

그에 따라 1957년 로마에서 유럽 경제 공동체(EEC)가 만들어졌어요. 1958년에는 유럽 원자력 공동체(EURATOM)도 만들어졌고요.

그러던 1967년, 프랑스의 드골 대통령이 말했어요.

"이제는 우리 유럽 국가들이 경제뿐만 아니라, 정치와 군사적인 측면에서도 통합되어야 합니다."

그리하여 그해, 유럽 석탄 철강 공동체와 유럽 경제 공동체, 그리고 유럽 원자력 공동체가 합쳐져 유럽 공동체(EC)가 만들어졌어요. 1973년까지 영국을 비롯해 덴마크와 아일랜드가 차례로 가입했어요. 이후 1995년까지는 그리스와 에스파냐, 스웨덴 등의 나라가 가입했지요.

유럽 공동체의 발전은 여기서 멈추지 않았어요. 1993년, 마침내 유럽 공동체는 유럽 연합(EU)으로 커졌어요. 유럽 연합에 속한 모든 나라끼리는 하나의 시장이 되었지

유럽 원자력 공동체 결성
유럽 여러 나라가 원자력을 함께 연구하고, 안전하고 평화롭게 사용하기 위해 만들었다. 사진은 1958년 로마에서 결성 사인을 하기 위해 모인 모습이다.

유럽 연합 의회
유럽 연합의 시민들을 대표해 각국에서 뽑힌 수백 명의 의원들이 활동하고 있다. 이곳에서 유럽 연합을 위한 법을 만들고 여러 정책을 결정한다.

요. 그리고 2002년부터 유로화를 쓰기 시작했어요. 유럽 연합의 나라들이 한 나라처럼 같은 화폐를 쓰게 된 거예요. 몇몇 나라는 원래 사용하던 화폐를 함께 사용하기도 했어요. 이제 유럽은 경제, 정치, 군사적으로도 탄탄한 공동체가 되었답니다.

유럽 연합은 경제, 정치면에서 규모가 커져서 미국과 어깨를 나란히 하고 있어요. 마치 한 나라처럼 유럽 연합 의회도 있고 헌법도 있어요. 사법 재판소와 유럽 중앙은행도 있지요. 유럽 연합에 속한 나라 사람들은 다른 유럽 연합 소속 나라에 취직도 할 수 있어요.

하지만 완전히 한 나라일 수는 없는 모양이에요. 나라들마다 경제적인 수준 차이로 경제 상황이 좋은 나라들은 자기네들이 손해 본다며 불만이거든요. 2016년

사법
어떤 일이나 문제가 법에 맞는지, 어긋나는지 등을 논의하고 결정하여 선언하는 일이야.

2장 냉전의 종말과 그 이후

6월에는 영국이 국민 투표를 통해 유럽 연합에서 탈퇴하기로 결정하면서 큰 변화를 예고했지요. 그리고 2016년 6월 국민 투표 이후 3년 7개월 만에 영국은 유럽 연합을 탈퇴한 첫 회원국이 되었어요.

서로 돕기도 하고 경쟁하기도 하면서 발전하려 애쓰는 유럽 연합은 앞으로 어떻게 될까요?

 20세기의 과학

라이트 형제의 비행기
자전거 가게를 운영하던 라이트 형제는 외국의 글라이더 시험 소식에 비행기를 만들기 시작했다. 첫 비행 성공 이후 좀 더 오래 날 수 있는 비행기를 만들고자 애썼다.

"저, 저것 좀 봐요. 정말로 저 기계가 하늘을 날아요."

1903년 12월 17일, 날개가 달린 이상한 기계가 위로 솟구치더니 한동안 떨어지지 않고 하늘을 날았어요. 그것을 지켜보던 사람들은 깜짝 놀랐어요. 사람이 하늘을 날 수 있다는 사실이 믿어지지 않았거든요. 라이트 형제는 수백 번이나 실험을 한 끝에, 드디어 비행에 성공할 수 있었어요. 이때의 비행시간은 겨우 1분도 안 되었지요.

하지만 이후로 비행기는 놀라운 속도로 발전했어요. 1947년에는 음속을 뛰어넘는 비행기가 개발되어 지구 반대편까지 날아가는 데 채 하루가 걸리지 않게 되었지요. 최근에는 기름 연료 없이 햇빛으로 하늘을 나는 태양광 비행기 개발에 성공하기도 했어요.

이처럼 20세기에는 어느 때보다 과학의 발달이 두드러졌어요.

전파와 통신 기술이 발달해 1920년대에 이미 보통 집에서 라디오를 사용했고 곧이어 텔레비전까지도 볼 수 있게 되었어요. 이렇게 대중 매체가 발달하자 전 지구에서 일어난 일들이 많은 사람들에게 좀 더 빠르게 알려졌지요. 대중 매체는 국민의 여론을 하나로 모으는 데도 큰 역할을 했어요.

1942년에는 처음으로 전자식 컴퓨터가 만들어져 전자 계산기 역할을 했어요. 비싸고 무거웠던 컴퓨터는 이후 발전을 거듭하면서 점점 저렴하고 가벼워졌어요. 처음에는 전자 계산기 역할만 했지만 점차 여러 데이터 입력에 따라 문서 작성, 그림 그리기, 컴퓨터 연결 등 다양한 일을 할 수 있게 되었지요.

의학도 크게 발전했어요. 1928년에 발견된 페니실린은 제2차 세계 대전 중에 사람들의 목숨을 구했어요. 사람들의 평균 수명도 길어졌지요. 뿐만 아니라 1978

1980년대의 개인용 컴퓨터
1984년 스티브 잡스가 세운 애플사에서 개인용 컴퓨터가 나와서 1대당 약 2,500달러에 판매되었다.

🙂 **음속**
소리가 공기를 통해 전파되는 속도를 말해.

체세포 복제양 돌리
돌리는 여섯 살짜리 암컷 양의 체세포 유전자를 다른 양의 난자에 대치시켜 태어난 양이었다. 돌리는 처음의 여섯 살짜리 암컷 양과 유전자가 똑같았다. 사진은 돌리가 죽은 후 썩지 않게 처리한 박제이다.

년에는 최초의 시험관 아기가 탄생하여 전 세계 사람들을 놀라게 했어요. 1996년에는 마침내 영국에서 한 과학자가 복제 양까지 만들어 냈어요. 이러다 복제 인간이 태어나는 것 아니냐는 걱정 섞인 얘기까지 나오고 있지요.

물리학에서는 아인슈타인의 상대성 이론이 엄청난 공헌을 했어요. 아인슈타인의 이론은 원자 폭탄을 만드는 데 크게 기여했지요. 아인슈타인은 이 사실을 알고, 핵 무장 반대 운동을 펼치기도 했어요.

미국과 소련의 우주 전쟁도 과학의 발달에 힘입은 것이었어요.

1957년 10월, 소련이 먼저 인공위성을 쏘아 올리는 데 성공했어요. 이에 충격을 받은 미국도 4개월 뒤 인공

 소련 붕괴를 촉진한 체르노빌 원자력 사고

소련이 개혁, 개방 정책을 추진할 수밖에 없게 된 데에는 우크라이나에 있던 체르노빌 원자력 발전소 사고도 한몫했어요. 1986년 봄, 체르노빌 원자력 발전소에서 그만 폭발 사고가 일어나고 말았어요. 당시 소련의 경제는 매우 어려웠어요. 식량과 생필품조차 구하기 힘들었지요. 그런데 소련 최대 식량 생산지인 우크라이나에서 사고가 터지자 식량 보급이 더욱 어려워졌어요. 사고 수습을 위해 쏟아부어야 할 돈도 어마어마했어요. 예전 체제 그대로는 버틸 수 없는 지경까지 이르렀지요. 이는 소련의 개혁, 개방을 앞당기는 이유가 되었답니다.

위성을 쏘아 올렸지요. 이후 두 나라는 앞다투어 수많은 인공위성을 우주에 쏘아 올렸어요. 인공위성은 군사적 목적은 물론, 기상 관측이나 우주 탐색 등 다양한 연구에 사용되었어요.

아폴로 11호를 탑재한 로켓, 새턴 5호
아폴로 11호를 지구 밖으로 날려 보내기 위해서는 로켓에 실어서 쏘아 올려야 했다.

세계 최초 인공위성 발사 기회를 소련에게 빼앗겼던 미국은 연구와 실험 끝에 1969년, 세계 최초로 달 착륙에 성공했어요. 우주선 아폴로 11호를 이용한 결과였지요.

전 세계는 지금도 우주 과학뿐 아니라 인공 지능, 로봇, 줄기세포 기술 등 좀 더 나은 생활을 위한 과학 기술 개발을 활발하게 진행하고 있답니다.

한국도 독일처럼 통일되면 좋겠다!

20세기의 미술

20세기에 들어오면서 이전에는 볼 수 없었던 과격한 미술 작품이 나왔어요.
20세기의 미술은 르네상스 이후에 계속되었던
전통적인 미술을 거부하는 데서 시작했어요.

1917년 4월, 뉴욕의 그랜드센트럴 갤러리에 마르셀 뒤샹의 〈샘〉이라는 작품이 전시되었어요. 그런데 그 작품을 본 사람들은 깜짝 놀라고 말았어요. 〈샘〉이라고 이름 붙여진 작품이 뜻밖에도 남자용 소변기였거든요. 결국 그 작품은 전시장 바깥으로 내보내졌지만 논란은 끊이지 않았지요. 뒤샹은 "반드시 만드는 것만이 미술이 아니다. 새로운 것을 보여 주는 것만으로도 얼마든지 훌륭한 창작이 될 수 있다."고 주장했어요.

살바도르 달리는 대표적인 초현실주의 화가였어요. 그가 그린 1931년의 〈기억의 지속〉이라는 작품은 시계가 흐물흐물 녹는 것처럼 그려졌어요. 이처럼 사물의 원형을 변형시키는 것은 무의식의 세계나 꿈의 세계를 표현하려는 초현실주의만의 독특한 기법이었어요.

20세기 최고의 화가로 일컬어지는 피카소는 〈우는 여인〉을 그려 사람들을 놀라게 했어요. 그림의 형태가 각이 지고 입체적으로 보였기 때문이에요. 이를 입체주의라고 했는데, 피카소는 이외에도 〈게르니카〉, 〈아비뇽의 아가씨들〉 같은 입체주의 작품들을 그렸어요.

1960년대가 지나면서는 팝아트가 유행했어요. 특히 앤디 워홀이 앞장섰어요. 그는 메릴린 먼로와 같은 대중 스타를 소재로 하여 그녀의 얼굴을 변형하여 대량 인쇄하였지요. 특히 그는 "돈이 되지 않는 미술은 쓰레기에 불과하다."라면서 자신의 작업실을 공장이라 부르기도 했어요. 그 때문에 예술가의 고귀함은 찾아볼 수 없었지요. 하지만 사람들은 기발한 발상과 새로운 시도를 하는 그를 '팝 아티스트'라고 불렀답니다.

3장 제3세계의 어제와 오늘

나는 팔레스타인에 살던 압둘라야. 지금 우리는 피난을 가는 중이야. 왜냐고? 갑자기 유대인들이 나타나서 자기들이 살던 땅이라고 우리더러 나가라고 했거든. 막 총질을 해대면서! 하지만 아빠가 그러시는데, 이곳에서 천 년 넘게 산 건 바로 우리 민족이래. 도대체 이스라엘 사람들은 왜 그러는 걸까? 우린 이제 갑자기 난민이 되었어. 집도 불타 버렸고, 먹을 것도 없어. 우리가 무얼 잘못해서 하루아침에 난민이 되어야 하는 거지?

이스라엘 건국

유대인들은 서기 70년 무렵, 로마군에 의해 이스라엘 땅에서 쫓겨난 뒤로 세계 곳곳에 흩어져 살았어요. 나라도 없이 이곳저곳을 떠돌며 살아야 했지요. 19세기 후반이 되자 유대인들 사이에서 나라를 세워야 한다는 목소리가 나오기 시작했어요.

로마군의 공격과 약탈
70년 무렵 유대인이 로마에 맞서 반란을 일으키자 로마군은 이를 진압하고 유대인을 이스라엘 땅에서 내쫓았다.
-데이비드 로버츠
〈로마의 예루살렘 포위〉

"이제 우리도 한곳에 정착해서 우리만의 국가를 세워야 합니다."

"그래요. 우리에게도 나라가 필요해요."

유대인들은 조상들이 살던 땅에 나라를 일으키고 싶어 했어요. 이런 생각을 시오니즘이라고 해요.

제2차 세계 대전을 겪고 난 뒤, 이렇게 생각하는 사

시오니즘
옛날 유대인의 중심지인 팔레스타인 땅에 모이자는 유대인의 생각이지. 유대 인의 민족, 종교적인 중심지를 시온이라고 하거든.

람들이 점점 더 늘어나기 시작했어요. 전쟁 중 수많은 유대인들이 독일군에 끌려가 무참하게 학살당했거든요.

"우리를 지켜 줄 나라를 하루빨리 만들어야 해요. 어서 옛 이스라엘 땅으로 돌아갑시다!"

유대인들이 말하는 옛 이스라엘 땅은 팔레스타인으로 불리고 있었어요. 그곳에는 이미 아주 오래전부터 이슬람교를 믿는 아랍 사람들이 많이 살고 있었어요. 하지만 유대인들은 그에 아랑곳하지 않았어요. 유대인들은 하나둘씩 혹은 수십 명씩 팔레스타인으로 들어와 살기 시작했어요.

키부츠라고 불리는 협동 농장도 만들었지요.

그러더니 팔레스타인 땅의 아랍 사람들에게 대놓고 억지를 부리기 시작했어요.

"이곳은 아주 오래 전에 우리 유대인들이 살았던 땅이오. 그러니 우리가 살아야 하오."

하지만 아랍 사람들도 가만있지 않았어요. 이미 천 년 이상을 그곳에서 살아왔으니까요. 결국 이들은 팔레스타인 땅을 두고 티격태격 다툼을 벌였어요.

유대인의 협동 농장, 키부츠
이스라엘이 건국되기 이전부터 조상들의 고향으로 돌아가자는 운동을 하던 유대인들이 팔레스타인 땅에 만든 협동 농장이다. 키부츠에서는 개인 재산이 인정되지 않았고, 식사와 교육 등이 제공되었다.

**이스라엘 건국 선언
(1948년)**
오늘날 이스라엘의 도시 텔아비브의 한 미술관에서 이스라엘 정치가 벤구리온이 독립선언서를 발표했다. 다른 의원들이 함께 독립선언서에 서명하면서 이스라엘 건국이 공식화되었다.

그러던 1947년 유엔(국제 연합)이 나서서 이 문제를 해결하기로 했어요. 유엔은 팔레스타인을 유대인 지역과 아랍인 지역으로 나누기로 결정했어요. 이때 팔레스타인에 살던 아랍인들은 심하게 반대했어요. 주변의 아랍 국가들도 반대하고 나섰어요.

하지만 소용이 없었어요. 유대인들은 "여기는 우리나라다!"라고 선언했어요. 이스라엘이 탄생한 것이지요.

"우리가 마침내 나라를 일으키게 되었어. 디아스포라여, 안녕!"

디아스포라는 전 세계를 떠돌며 살던 유대인들을 뜻하는 말이었지요.

유대인들은 기뻐했고, 각지에 흩어져 살던 유대인들이 이스라엘로 모여들기 시작했어요.

하지만 이것은 이후 수십 년 동안 중동 지역에서 벌어진 피비린내 나는 싸움의 씨앗이었어요. 이스라엘 건국 후 거의 곧바로 전쟁이 일어났어요. 아랍인들이 전쟁을 일으킨 거예요. 천 년이나 살던 땅을 빼앗길 수 없다고 생각했거든요. 여기에는 레바논과 요르단, 시리아 그리고 이집트 같은 주변 국가들이 참여했어요. 그들은 자신의 형제들이 느닷없이 땅을 빼앗긴 데 분노했지요.

이에 깜짝 놀란 이스라엘도 군대를 모았어요. 남자들은 물론이고 여자들까지 전쟁터에 나섰어요. 전 세계에 흩어져 살던 유대인들도 함께 싸우겠다면서 이스라엘로 달려왔어요.

하지만 급히 만들어진 이스라엘 방위군은 매우 허술했어요. 처음에는 아랍군의 공격에 맥없이 무너졌지요. 이스라엘 방위군은 곧 쓰러질 듯했어요. 이때 이스라엘 방위군과 시민 6천여 명이 목숨을 잃었어요.

마침내 1949년 2월 이스라엘과 아랍군은 휴전하기로 했지요.

유엔의 중재로 이스라엘은 해안 쪽의 평야 지대와 갈릴리 지역 등을 차지했어요. 유대와 사

 방위군
적의 공격이나 침략을 막아 내는 군사를 가리켜.

중재
싸움에 끼어들어, 싸우는 양쪽을 화해시키는 일이야.

남녀가 함께 하는 이스라엘 방위군
1948년에 만들어졌다. 육군, 공군, 해군으로 이루어져 있다. 모든 이스라엘 사람은 남녀 구분 없이 18세가 되면 군대에 들어간다.

마리아 등은 요르단이 돌보기로 했어요. 가자 지구는 이집트가 돌보기로 했고요. 예루살렘 지역은 둘로 나뉘어 동쪽은 요르단이, 서쪽은 이스라엘이 관할하기로 결정되었어요.

이후 수십만 명의 유대인이 각지에서 이스라엘로 몰려왔어요. 그 때문에 이스라엘은 극심한 경제적 어려움을 겪었어요. 미국 등 다른 나라의 원조를 받지 않으면 안 되었지요. 이후 10년 동안 이스라엘 경제는 발전을 거듭했어요.

하지만 전쟁이 끝난 것은 아니었어요. 이스라엘은 끊임없이 이웃 아랍 국가들과 전쟁을 벌였어요.

관할
통제하고 지배하는 일을 말한단다.

수에즈 운하의 위기

이스라엘과 아랍의 여러 나라들이 전쟁을 벌이고 있을 무렵만 해도 이집트는 여전히 국왕이 나라를 다스리고 있었어요. 바로 파루크 1세였어요.

하지만 파루크 1세는 그리 현명한 왕이 아니었어요. 무능한 데다 유럽 여행을 다니면서 나랏돈 쓰기를 좋아했어요. 심지어 도박에 돈을 걸기도 했지요. 국민들은 파루크 1세에게 크게 실망했어요. 거기에 이스라엘과의 전쟁마저도 이집트가 패하자 파루크 1세는 크게 비난을 받았지요.

이즈음 청년 장교 나세르가 개혁을 원하는 '자유 장교단'을 이끌고 쿠데타를 일으켰어요. 나세르와 장교들은 '혁명 평의회'를 만들고 정부 청사를 손에 넣었지요. 이때, 그 누구도 이들에게 저항하지 않았어요. 이미 국왕에게 실망할 대로 실망해 있었거든요. 나세르는 파루크 1세를 체포했어요.

"당장 이 나라를 떠나 주시오!"

이 쿠데타로 마침내 이집트에서도 군주제가 막을 내렸어요. 그리고 공화국이 세워졌어요. 나세르는 1956년 대통령에 선출되었지요. 대통령이 된 나세르는 단단히 결심했어요.

"무엇보다 이 나라를 튼튼하게 만들어야 해."

그런 생각에 이른 나세르는 농업 개혁부터 하기 시작했어요. 먼저 대지주의 토지를 농민들에게 나누어 주었어요. 도시에서는 공업이 잘 발달하도록 지원했지요.

이집트의 마지막 왕, 파루크 1세의 결혼식
파루크 1세는 아버지 푸아드 1세를 이어 1936년 왕위에 올랐다. 처음엔 섭정을 받다가 1937년부터 직접 이집트를 이끌기 시작했으나 방탕과 사치로 국민의 원성을 샀다.

 공화국

국민이 뽑은 대표자가 국민의 뜻에 따라 정치하는 나라를 가리켜.

나일강의 아스완 댐
1902년에 영국이 나일강 중류에 만든 댐이었다. 홍수 조절과 농사에 물을 대기 위해서 지었다.

 상류
강이 시작되는 곳과 가까운 부분을 말해.

 **국유화**
나라의 소유가 되는 것을 말한단다.

그리고 나세르는 한 가지 욕심을 더 냈어요.

"나일강에 댐을 하나 더 만들어야겠어."

1900년대 초에 이미 나일강에 아스완 댐이 세워지긴 했어요. 하지만 근대화를 추진하기 위한 전력으로는 부족하다고 생각했던 거예요. 나세르는 이미 만들어진 댐보다 상류에 댐을 하나 더 세워 농업에 쓸 물을 모으고, 전기를 만들고 싶었어요. 댐을 세우면서 일자리도 늘릴 수 있었지요. 하지만 댐을 건설하려면 돈이 더 필요했어요.

이때, 미국이 이집트에게 댐을 짓는 데 필요한 자금을 빌려주기로 했어요. 돈을 대 주고 이집트를 미국 편에 서게 할 생각이었지요. 하지만 이집트가 영국, 프랑스, 미국의 말을 듣지 않고 체코슬로바키아를 통해 소련의 무기를 구입하자, 미국은 이 계획을 취소했어요.

미국의 지원 취소에 나세르는 화가 났어요. 그래서 수에즈 운하(80쪽)를 국유화해야겠다고 다짐했어요. 수에즈 운하를 이집트 것으로 만들어 운하에서 나오는 수익으로 댐을 지어야겠다고 생각한 것이에요.

1956년 7월, 나세르는 이집트 국민들에게 외쳤어요.
"지금부터 수에즈 운하는 이집트의 것입니다. 영국은 부당하게 이집트의 몫을 차지하고 있습니다. 이제부터는 우리가 운하를 사용할 수 있는 나라와 사용할 수 없는 나라를 결정하겠습니다. 앞으로 이스라엘 선박은 수에즈 운하를 지나지 마시오!"

영국군이 이집트와의 협정에 따라 이집트를 떠난 지 한 달이 된 시점이었지요.

지금부터 수에즈 운하는 이집트의 것입니다!

먼 길을 가깝게 한 수에즈 운하
지중해와 홍해를 이어 주는 인공 수로로 아시아와 유럽 간 가장 짧은 항로이다. 이집트가 1869년 프랑스의 도움을 받아 완공하였다. 이후 영국의 손에 넘어갔으나 1956년 이집트가 국유화했다.

 명분
일을 꾸밀 때 내세우는 구실이나 이유를 말해.

이에 영국과 프랑스는 깜짝 놀랐어요. 수에즈 운하를 이용할 수 없게 된 이스라엘도 몹시 불쾌했지요.

곧 세 나라의 관리들이 프랑스에서 비밀리에 만났어요. 그들은 이집트를 침공할 계획을 세웠어요.

"먼저 이스라엘군이 이집트를 침공하세요. 그러면 영국과 프랑스가 나서서 이집트와 이스라엘 모두 운하에서 물러나라고 요구하겠습니다. 나세르가 이것을 받아들여 철수하면 이스라엘군도 철수하는 겁니다. 그렇게 우리가 운하를 차지한 다음에는 이스라엘이 다시 운하를 사용할 수 있게 할게요."

"좋은 생각입니다. 만약 나세르가 반대하면 공식적으로 이집트를 침공할 명분이 서게 되니, 그때 대대적으로 공격하면 됩니다."

1956년 10월 29일, 이스라엘군이 이집트의 영토를 넘어 침략했어요. 영국과 프랑스에서는 계획대로 이집트와 이스라엘에 요청했어요.

"양쪽 모두 운하에서 물러나시오."

이스라엘은 곧 물러났어요. 하지만 이집트의 나세르는 사실상 운하를 내놓으라는 요청을 거절했어요.

그러자 영국군과 프랑스군은 비행기를 띄워 이집트 비행장을 쑥대밭으로 만들어 놓았어요. 그래도 나세르는 물러나지 않았어요.

이집트군은 수천 명의 전사자를 내면서도 이스라엘군과 싸웠어요. 그러자 영국과 프랑스도 지상군을 보냈어요. 이때까지만 해도 영국과 프랑스는 전쟁에서 쉽게 이길 것이라고 생각했어요.

하지만 뜻밖에도 이집트군의 저항이 강했어요. 게다가 미국까지 나섰지요.

"영국과 프랑스는 이집트의 권리를 함부로 짓밟아서

🧑 **지상군**
주로 땅 위에서 싸우는 군대란다.

영국과 프랑스의 이집트 공습
영국과 프랑스는 이스라엘과 함께 수에즈 운하를 차지하기 위해 1956년 작전을 펼쳤다. 이스라엘이 먼저 이집트를 공격한 후 영국과 프랑스가 공습을 퍼부었다.

아스완 하이 댐 건설 기념탑
나세르는 결국 아스완 댐 상류에 아스완 하이 댐을 지었다. 소련의 기술 도움을 받아 1971년에 완공하였다.

는 안 됩니다."

 이어 소련도 이 전쟁에 반대하고 나섰어요. 마침내 유엔도 "이집트에서 이스라엘과 함께 영국, 프랑스 세 나라가 철수해야 한다."는 의견을 내놓았어요.

 영국과 프랑스 나라 안에서도 전쟁에 반대하는 의견이 강했지요. 특히 영국에서는 군중 집회까지 열어 영국 총리를 비난했어요.

 "총리는 전쟁을 중단하고 당장 자리에서 물러나라!"

 결국 영국과 프랑스는 전쟁을 멈출 수밖에 없었어요. 이 일로 영국의 이든 총리는 결국 자리에서 쫓겨나고 말았어요.

 반대로 나세르는 외국의 위협에 맞선 공로로 이집트 국민의 영웅이 되었지요.

이스라엘의 침략

 이스라엘과 아랍 국가들 사이의 전쟁은 1967년에도 일어났어요.

이즈음 이스라엘은 영토 확장을 꿈꾸고 있었어요. 더 많은 유대인을 정착시키기 위해서였지요.

이스라엘은 비무장 지대인 시리아의 골란고원 지역에 군대를 보냈어요. 거기에서 유대인이 농작물을 경작하게 했지요.

비무장 지대
군사 시설이나 군인이 없는 지역을 말해.

그렇지 않아도 이스라엘을 싫어하던 시리아가 반발하고 나섰어요. 시리아의 지원을 받는 게릴라들이 이스라엘을 기습 공격하곤 했지요. 이스라엘은 보복을 위해 전쟁 준비를 했어요.

이를 본 이집트도 가만히 있을 수가 없었어요. 당시 이집트는 아랍 세계의 지도 국가였거든요. 이집트는 이스라엘 국경선에 있던 유엔군에게 물러나라고 했어요. 그러면서 국경선에 이집트군을 배치했지요.

결국 이스라엘은 다시 한번 시리아를 비롯한 아랍 국가들과 전쟁을 벌여야겠다고 마음먹었어요.

1967년 6월 5일 새벽, 이스라엘 공군기가 시리아와 군사 동맹을 맺은 이집트로 날아들었어요. 이스라엘 공군기는 카이로 공군 기지를 마구 폭격했지요.

이어 이스라엘 지상군은 골란고원과 시나이 반도 일부를 차례로 점령했어요. 마침내 이집트와 요르단이 차례로 항복했어요. 이때 유엔이 전쟁을 멈추라고 제안했

6일 전쟁 중의 이스라엘 탱크
6일 전쟁은 1967년 6월에 이스라엘이 이집트 등 아랍 나라들과 6일 동안 싸운 전쟁이었다. 이스라엘은 주로 프랑스 무기로, 아랍 나라들은 주로 소련 무기로 싸웠다.

어요. 골란고원에서 이스라엘군과 마주한 시리아군도 휴전 협정에 동의했지요. 전쟁이 시작된 지 꼭 6일 만에 이스라엘의 승리로 막을 내린 거예요.

그래서 이 전쟁을 '6일 전쟁'이라 불러요.

이스라엘은 시나이 반도와 골란고원 등을 차지해 원래 땅 면적보다 훨씬 더 넓은 땅을 갖게 되었어요. 이 지역에 살던 아랍 주민들은 유대인의 지배를 받게 되었지요.

이집트 등 아랍 국가들은 이스라엘에 시나이 반도에서 물러나라고 끊임없이 요구했어요. 하지만 이스라엘은 전혀 물러날 생각이 없었어요.

이집트와 시리아는 군사력을 좀 더 키워서 다시 한번 전쟁을 벌였어요. 1973년 10월 6일, 이집트는 유대인들이 속죄의 날 행사를 치르고 있는 틈을 타 공격을 시작했지요.

이집트와 시리아는 이스라엘군을 거칠게 밀어붙였어요. 예전과는 달리 공중전에서도 이집트의 공군기가 이스라엘 공군기를 거듭 격추시켰어요. 지상군도 이스라엘군을 궁지에 몰아넣었지요.

이집트와 시리아는 승리를 눈앞에 둔 듯했어요. 이스라엘이 유엔에 도움을 청했지만 미국이 동의하지 않아 전쟁은 그대로 끝날 것 같았어요.

그런데 미국이 이스라엘과 아랍 국가들 사이에서 직접 휴전을 요청했어요. 결국 어느 쪽도 승리한 쪽이 없이 3주 만에 전쟁이 끝났지요.

하지만 아랍 국가들은 또 다른 보복을 준비했어요.

"이번 전쟁에서 이스라엘 편을 들었던 나라들은 대가를 치를 것입니다."

석유 수출국 기구의 아랍 국가들이 선언했어요. 그리고 원유 생산을 줄이고 원유 값을 올리기 시작했어요. 그 바람에 1980년까지 원유 값이 열 배나 뛰었지요.

특히 미국에게는 단 한 방울의 원유도 팔지 않았어요. 미국의 공장들은 곧바로 멈추기 시작했어요. 교통도 마비되었지요. 주유소마다 휘발유를 사려는 자동차들이 끝도 없이 늘어섰어요. 결국 휘발유 배급제가 실시되었어요. 미국은 혼란에 빠졌어요. 이 끔찍한 혼란을 석유 파동이라고 불러요.

유대인의 명절, 속죄의 날
'욤 키푸르'라고 하는 유대인 최대의 명절로, 유대 달력에서 새해의 열 번째 되는 날을 말한다. 이날 유대인들은 하루 종일 금식하며 회개를 한다.

석유 수출국 기구
석유를 수출하는 이란, 이라크, 쿠웨이트 등 5개 나라가 1960년에 만든 기구야. 지금은 13개 나라가 가입돼 있어.

원유
땅속에서 뽑아낸 상태 그대로의 석유를 말해.

이집트 사다트와 이스라엘 베긴의 약속
미국 대통령 지미 카터의 중재로 이집트와 이스라엘은 1978년 미국 캠프 데이비드 (미국 대통령 전용 별장)에서 평화 조약을 맺었다. 이를 '캠프 데이비드 협정'이라고 한다.

 엄청난 피해를 입은 미국은 이스라엘과 아랍 국가들을 화해시켜야겠다고 생각했지요.
 마침내 미국의 지미 카터 대통령이 나서서 양쪽에 화해하라고 했어요. 이때 이집트의 사다트 대통령이 이스라엘을 방문해 연설을 했어요. 이스라엘의 메나힘 베긴 총리와 함께 미국에서 평화에 관한 회담을 하기도 했지요. 덕분에 협정을 맺는 데까지 이를 수 있었어요.
 "이스라엘은 시나이 반도에서 물러나고 가자 지구의 팔레스타인 사람들에게 자치권을 줘야 한다. 이집트는 이스라엘이 수에즈 운하를 자유롭게 드나들 수 있도록 허가한다."

그런 내용이 합의되었어요. 하지만 아랍 세계는 협정을 맺은 사다트 대통령을 비난했어요.

"이스라엘이 빼앗아 간 땅이 얼마인데 고작 시나이 반도만 돌려받아? 6일 전쟁 때 이스라엘이 빼앗아 간 땅을 모두 찾아야 한다!"

이런 목소리는 점점 더 높아졌어요. 이집트는 아랍 연맹에서 쫓겨났어요. 사다트 대통령은 노벨 평화상까지 받았지만 국내에서 환영받지 못했어요. 결국 1981년 10월 6일 암살당하고 말았어요.

그 이후에도 이스라엘과 아랍 세계의 갈등은 끊임없이 이어져 오고 있어요.

아프리카의 독립과 고난

제2차 세계 대전 이후, 아프리카의 여러 나라들이 앞다투어 독립하기 시작했어요. 아랍인들이 다수를 차지하던 북부 아프리카에서는 1951년에 리비아가 독립했고, 1956년에는 튀니지와 모로코가 독립했어요.

하지만 프랑스가 통치하고 있던 알제리는 독립이 쉽지 않았어요.

알제리 사람들은 1954년 프랑스에 대항해 독립 운동을 펼칠 조직을 만들었어요. '알제리 민족 해방 전선'이었어요. 알제리 민족 해방 전선은 이후 8년 동안 프랑스군과 치열하게 싸웠어요. 프랑스에서 테러를 일으키며 독립 운동을 벌이기도 했지요. 프랑스 안에서도 알제리를 독립시켜야 한다는 목소리가 커

알제리에 있던 프랑스군
알제리는 1830년 프랑스의 식민지가 되었다. 알제리 사람들은 1954년부터 독립 전쟁을 시작해 1962년 약 130년간의 프랑스 지배에서 벗어나 독립할 수 있었다.

졌어요.

그리하여 1962년 7월 알제리는 독립을 이룰 수 있게 되었어요.

독립을 향한 움직임은 중부 아프리카와 남부 아프리카에서도 일어났어요.

오랫동안 벨기에의 지배를 받던 콩고에서도 독립 운동이 일어났어요. 1958년 '콩고 민족 운동'이라는 독립 운동 단체가 활약하기 시작했지요. 이 단체의 지도자 루뭄바는 국민들에게 외쳤어요.

"독립은 벨기에가 우리에게 주는 선물이 아닙니다. 독립은 우리가 가진 당연한 권리입니다!"

루뭄바는 이미 2년 전에 벨기에 정부에 편지도 보냈었어요. 콩고의 국민들에게 더 많은 자유를 달라고요.

루뭄바는 콩고 민족 운동을 이끌며 시위를 벌였어요. 그러자 벨기에 정부는 콩고 민족 운동의 지도자들을 붙잡아 감옥에 가두었어요. 하지만 독립을 요구하는 시위는 수그러들지 않았어요.

루뭄바는 또다시 독립을 요구하는 문서를 보냈어요. 그리고 수도 레오폴드빌에서 폭동을 일으켰어요.

"콩고의 독립을 이루어 내자!"

콩고 민주 공화국의 첫 번째 총리, 루뭄바
콩고의 독립을 위해 활동했고 1960년 마침내 독립이 이뤄져 총리가 되었다. 하지만 나라에 내분이 일어나 목숨을 잃고 말았다.

 콩고
프랑스 점령지였던 콩고 공화국과는 다른 나라야.

 레오폴드빌
19세기말 벨기에 레오폴드빌 2세의 지배를 받으면서부터 레오폴드빌이라 불렸어. 1966년에 킨샤사로 이름이 바뀌었지.

시위대는 무장을 하고 거리를 행진했어요. 벨기에는 군대를 보내 이들을 무참하게 진압했어요. 그래도 시위가 잦아들지 않자 5년 이내에 독립시켜 주겠다고 약속했어요. 시간을 벌어 벨기에를 따르는 꼭두각시 정부를 만들려는 속셈이었지요.

그러자 루뭄바는 계속 시위를 하며 벨기에 정부에 항의했지요. 벨기에 정부는 하는 수 없이 독립을 위한 총선거를 실시하기로 했어요. 루뭄바가 작은 부족 출신이어서 많은 표를 얻지 못할 거라 생각했거든요.

하지만 루뭄바가 이끄는 콩고 민족 운동이 선거에서 승리했어요. 덕분에 루뭄바는 '콩고 민주 공화국'의 총리로 뽑힐 수 있었어요.

루뭄바는 1960년 6월 30일 콩고 민주 공화국의 독립을 선언하고 시민들에게 외쳤어요.

"여러분! 모든 고통은 끝났습니다. 우리는 마침내 우리의 땅에 우리의 나라를 세웠습니다. 단결합시다. 콩고 민주 공화국 만세!"

하지만 곧바로 시련이 찾아왔어요. 콩고 민주 공화국이 여러 부족으로 나뉘어 있었기 때문이에요. 독립에 반대하는 사람도 있었어요.

마침내 남쪽에 있는 카탕가 주가 벨기에의 부추김을

받아 따로 독립하겠다고 선언했어요. 하지만 루뭄바는 카탕가 주의 독립을 인정할 수가 없었어요. 카탕가 주에는 지하자원이 많이 매장되어 있었거든요.

그러자 카탕가 주에 있던 벨기에 군대가 콩고 민주 공화국에 맞섰어요. 하는 수 없이 루뭄바는 유엔의 평화 유지군을 끌어들였어요. 다시 싸움이 벌어졌지요. 이때 루뭄바는 카탕가 세력에게 납치되어 죽임을 당하고 말았어요.

지도자를 잃은 콩고 민주 공화국이 혼란에 빠진 틈을 타 모부투가 쿠데타를 일으켜 권력을 손에 넣었어요. 하지만 모부투는 독재자였어요. 툭하면 자신의 말을 따르지 않는 사람들을 감옥에 가두었고, 국민들을 일일이 염탐했어요. 그 때문에 콩고 국민들은 오래도록 고통을 당해야 했지요.

콩고보다 북쪽에 있는 가나에서는 민족 운동가인 은크루마가 활약했어요. 은크루마는 회의인민당이라는 정당을 만들어 영국 정부에 외쳤어요.

카탕가의 구리 광산
카탕가는 콩고 민주 공화국의 남동쪽에 있는 도시로 샤바라고도 불린다. 이곳에는 구리, 주석, 망간, 납 등 지하자원이 많다.

유엔의 평화 유지군
국제 분쟁을 막고 평화를 지키기 위해 유엔이 보내는 군대야.

가나를 대표하는 볼타 호
볼타 강을 막아서 생긴 인공 호수로 길이가 400킬로미터에 이른다. 이 호수의 물은 마시는 물과 공업용 물로 사용되고 있다. 또한 유용한 교통로이기도 하다.

 가공
원래 재료를 사람이 만들거나 조작해서 새로운 제품을 만드는 일이야.

"우리에게 자치를! 흑인만으로는 정부를 구성할 수 없는 지금의 제도에 반대한다!"

이런 노력 끝에 가나는 1957년 독립할 수 있었어요. 가나는 한동안 나라 살림을 안정되게 꾸려 나갔어요. 다이아몬드 광산이 풍부했고, 카카오 농장이 많았거든요. 은크루마는 이런 자원을 가공할 공장을 세우기도 했어요.

하지만 아쉽게도 은크루마의 시도는 성공하지 못했어요. 너무 서두른 탓에 나랏돈만 바닥나고 말았거든요. 그 때문에 국민들의 비난이 봇물처럼 쏟아졌어요.

결국 은크루마는 1966년, 군인들의 쿠데타로 물러나고 말았지요.

그런가 하면 콩고 동쪽에 있는 우간다는 1962년 독립했어요. 하지만 우간다 국민들은 쿠데타와 지도자의 폭정으로 고통을 겪었어요. 특히 1971년 쿠데타를 일으킨 이디 아민은 매우 잔인하게 나라를 통치했어요. 당시 총리였던 오보테가 해외 출장 중인 틈을 타서 그의 심복들을 제거하고 권력을 차지했지요. 이디 아민은 이전 총리를 따르던 사람들을 샅샅이 찾아낸 후 옥에 가두거나 죽였어요. 또한 '죽음의 기병대'라는 특수 부대를 보내 자신을 따르지 않는 사람들을 납치하고 살해하기를 서슴지 않았어요. 이렇게 목숨을 잃은 사람이 수십만 명이었지요. 그 때문에 사람들은 이디 아민을 '우간다의 학살자'라고 부르기도 했어요.

이처럼 아프리카의 여러 나라들은 독립 이후 민주주의를 이루기까지 수많은 어려움을 겪어야 했답니다.

이런 고통이 생긴 가장 큰 이유는 유럽 제국주의 나라들이 아프리카 부족에는 상관하지 않고 마음대로 그어 버린 국경선 때문이었어요. 그래서 한 나라 안에서도 종족 사이의 다툼이 끊이지 않았어요. 그 싸

> **폭정**
> 포악한 정치를 말해.

> **심복**
> 마음 놓고 일을 맡기거나 부릴 수 있는 사람을 뜻해.

우간다의 학살자, 이디 아민
우간다 육군 출신으로 1971년 쿠데타로 정권을 잡았다. 1978년 탄자니아 군대에 쫓겨나기 전까지 수많은 사람의 목숨을 빼앗았다.

움에 휘말려 든 수많은 아프리카 사람들이 목숨을 잃기도 하고 식량을 구하지 못해 배고픔에 시달리기도 했지요.

하지만 지금은 이런 정치적인 불안함이 많이 가라앉고 있어요. 풍부한 천연 자원 덕분에 경제적으로도 쑥쑥 성장하고 있답니다.

라틴 아메리카의 시련

라틴 아메리카
15세기 이후 유럽의 라틴 민족 국가인 에스파냐와 포르투갈의 지배를 받다가 19세기경 독립한 중남미 아메리카를 말한단다.

제2차 세계 대전이 끝난 후, 라틴 아메리카의 나라 대부분은 민주 공화제를 선택했어요. 하지만 많은 지도자들이 민주주의에 대해 잘 몰랐어요. 자신만의 이익을 위해 독재자가 되곤 했지요. 그로 인해 국민들은 매우 고통스러웠어요.

독재 정부의 부정부패는 날이 갈수록 심해졌어요. 미국은 독재 정권을 지원해 주었어요. 라틴 아메리카에 공산주의 국가가 들어서지 못하게 하기 위해서였지요. 그럴수록 정부의 감시와 억압에 맞선 혁명 세력이 일어났어요.

그중 하나가 체 게바라였어요. 아르헨티나에서 태어나 의대에 다니던 체 게바라는 어느 날, 친구와 함께 오토바이를 타고 과테말라, 코스타리카 등 라틴 아메리카의 여러 나라를 여행하게 되었어요. 여행 도중 라틴 아메리카 사람들이 매우 어렵게 살고 있다는 사실을 비로소 깨달았지요. 체 게바라는 새로운 세상을 만들고 싶었어요.

1955년 멕시코에 머물던 체 게바라는 쿠바 혁명 지도자 피델 카스트로를 만났어요. 뜻이 통한 두 사람은 함께 혁명군을 만들었어요. 그리고 쿠바로 몰래 숨어들었어요. 거기에서 카스트로와 함께 쿠바 혁명을 성공시켰지요.

이후 체 게바라는 쿠바 중앙은행 총재와 공업 장관 등을 지냈어요. '쿠바의 두뇌'로 불리며 큰 활약을 펼쳤지요. 미국이 쿠바 혁명을 반대하여 경제 봉쇄 정책을 쓰자 소련을 방문해 지원을

쿠바의 영웅, 체 게바라
1953년 아르헨티나에서 의사가 되었고, 이후 라틴 아메리카를 여행하며 사회주의 사상에 빠져들었다. 카스트로와 함께 쿠바에서 사회주의 혁명을 성공시켰다.

후안 페론의 석방을 요청하는 시위
페론은 여러 정책을 펼치면서 특히 노동 계급에게 인기를 끌었다.

받기도 했어요.

하지만 체 게바라는 여기서 만족하지 않았어요. 아프리카 콩고에 가서 게릴라 활동을 지원하다가 돌아와 다시 볼리비아로 갔어요. 라틴 아메리카 전체가 사회주의 혁명에 성공하기를 바랐거든요. 체 게바라는 볼리비아 혁명을 지원하기 위해 게릴라를 훈련시키고 직접 볼리비아에 숨어들어 가기도 했어요. 하지만 1967년 정부군과의 전투 중 잡혀서 총살당하고 말아요.

한편 체 게바라가 태어난 아르헨티나에서는 제2차 세계 대전 후, 쿠데타가 일어나 군인들이 권력을 잡았어요. 이 군인들 중의 하나였던 페론은 육군 장관 겸 노동 장관을 맡으면서 인기를 얻었어요. 노동자들이 잘사는 세상을 만들겠다는 생각으로, 노동 조건을 개선하고 임금을 올리는 등 애를 썼지요.

이를 질투하고 시기한 다른 군인들에 의해 체포되기도 했어요. 하지만 국민들의 요청으로 감옥에서 풀려났고, 마침내 1946년 대통령 자리에 올랐어요.

페론은 이전처럼 가난한 사람들이 잘살 수 있도록 노력했어요. 외국 사람들 손에 넘어가 있던 기업들을 되찾아왔고, 일자리도 늘렸지요. 배우 출신이었던 아내 에바도 병원과 학교, 양로원과 고아원을 지어 가난한 사람들을 도왔어요. 그 때문에 아르헨티나 사람들은 그녀를 '작은 에바'라는 뜻의 '에비타'라는 애칭으로 부르기도 했어요.

그러나 에바가 세상을 떠난 뒤, 페론은 포악해졌어요. 경찰을 동원해 사람들을 철저히 감시했지요. 자신을 비난하거나 반대하지 못하도록 했어요. 반대했다가는 아무도 모르게 끌려가서 다시 돌아오지 못했어요.

이 무렵부터 나라 살림이 나빠지기 시작했어요. 그 때문에 페론은 노동자들의 임금을 올려 주지 않았어요. 심지어 "국민 여러분, 고기를 덜 먹고 빵을 먹어야 합니다. 고기는 수출합시다."라는 말을 하기도 했어요.

국민들은 점차 페론에게 실망했고, 그 때문에 그의 인기는 점차 떨어졌어요.

마침내 1955년 6월 16일 군인들이 반란을 일으켰어요. 이 반란은 하루 만에 진압되었지요. 하지만 세 달 만에 또다시 반란이 일어났어요. 이 반란

노동자를 위한 정책을 펼친 후안 페론
1946년 아르헨티나의 대통령이 되었다가 1955년 반란으로 외국에 몸을 피했다. 1973년 돌아와 다시 대통령이 되었으나 몇 개월 만에 세상을 떠나고 만다.

아옌데를 지지하는 사람들
아옌데는 사회주의자로서 남아메리카 최초로 합법적으로 대통령에 당선되어 사회주의 정책을 펼쳤다.

으로 페론은 파라과이로 달아나야 했어요.

이후 아르헨티나에서는 18년 동안 대통령이 아홉 번이나 바뀌었어요. 쿠데타도 자주 일어났어요. 민주주의로 가는 길이 그토록 험했던 것이지요.

그런가 하면 칠레는 쿠데타나 혁명을 일으키지 않고 국민 투표로 사회주의 정권을 세웠어요. 1970년, 아옌데가 '인민 연합'을 이끌고 대통령에 당선된 거예요.

아옌데는 은행이나 광산 같은 산업을 나라 재산으로 삼았어요. 또한 대지주로부터 토지를 몰수해 농민들에게 나누어 주었지요. 노동자들의 임금을 올려 주는 등 사회 복지 정책도 적극적으로 추진했어요.

하지만 이런 일들은 구리 광산을 소유하고 있던 미국의 반발을 불러왔어요. 미국은 곧장 경제 봉쇄에 나섰어요. 미국의 조작으로 구리 가격이 크게 떨어졌지요. 그 때문에 어느 정도 나아지던 경제 사정이 다시 나빠졌어요.

미국은 아옌데 정권을 몰락시키기 위해 온갖 음모를 벌였어요. 칠레의 우파 단체를 꾀어 육군 참모 총장을 납치하는 일도 서슴지 않았지요. 선거를 통해 우파 정권을 세우려는 시도도 했어요. 하지만 그 시도는 실패하고 말았어요.

결국 미국은 피노체트를 앞세워 쿠데타를 일으켰어요. 쿠데타가 일어났을 때, 아옌데는 "노동자들이 나를 떠나라고 하기 전까지는 물러서지 않겠다."라고 외쳤어요. 하지만 끝내 쿠데타군의 폭격으로 죽음을 맞이하고 말았어요.

이후 피노체트는 독재 정치를 펼쳤어요. 아옌데 정권을 지지했던 사람들을 체포해 목숨을 빼앗았지요. 뿐만 아니라 국가 정보국을 만들어 자신에게 반대하는 사람이라면 해외까지라도 쫓아가 납치했어요. 1989년 아일윈이 대통령에 당선될 때까지 계속되었답니다.

우파
새로운 변화를 거부하고 전통을 지키려는 경향이 있는 사람들을 가리켜.

국민을 위한 정책을 펼친 아옌데
아옌데는 의대에 다니던 시절 사회주의에 감명을 받아 졸업 후 사회당에 입당했다. 1970년 대통령으로 당선되었으나 1973년 피노체트의 쿠데타로 인해 죽음을 맞이했다.

3장 제3세계의 어제와 오늘 99

브라질의 제24대 대통령, 골라르트
1961년 대통령이 된 이후 외국 기업을 부분적으로 국유화하고 노동 운동을 지원하는 정책을 펼쳤다. 1964년 군부 쿠데타로 물러나 외국에 망명했다.

라틴 아메리카에서 가장 큰 영토를 가진 나라 중 하나인 브라질도 크게 다르지 않았어요. 이미 제2차 세계 대전 이후부터 끊임없이 미국의 간섭을 받아 왔지요. 1964년에는 미국의 지원을 받은 카스텔루 브랑쿠 장군 등 군부 지도자들이 쿠데타를 일으켜 골라르트 정권을 몰아내고 집권했어요.

이후 브라질의 군부는 미국을 등에 업고 국가 안보를 내세우며 민주주의 제도를 받아들이려 애썼어요. 미국으로부터 경제적 도움을 얻기도 했지요. 이 과정을 통해 브라질의 군부가 모든 권력을 움켜쥐었어요. 그리고는 이 모든 것이 '공산주의로부터 올지 모를 위험을 피하기 위한 것'이라고 선전했지요.

제3세계의 나라들

강력한 소련과 미국을 중심으로 하는 냉전 시대에 여기에도 저기에도 끼지 않은 나라들이 있었어요. 바로 아시아, 아프리카의 나라들이었어요. 이 나라들과 라틴 아메리카의 나라들을 제3세계라 해요. 대부분이 제국주의 국가의 식민지였던 역사가 있어요. 이 중 아시아, 아프리카의 제3세계 나라들은 더 이상 강대국에게 좌지우지되지 않기 위해 힘을 합치기로 했지요. 그래서 1955년 인도네시아 반둥에서 이집트 나세르, 인도 네루, 중국 주은래(저우언라이)를 중심으로 모두 29개 나라가 모여 평화 10원칙을 정했어요. 이렇게 제3세계가 떠오르자 미국과 소련의 횡포를 어느 정도 줄일 수 있게 되었답니다.

브라질의 인권과 정치가 나아진 것은 2002년 대선에서 룰라가 대통령에 당선되면서부터였어요. 철강 노동자 출신인 룰라는 대통령이 된 후 미국을 배척하지 않고 동반자의 관계를 유지하려 애썼어요. 그러면서도 미국의 무역 방식을 비판하고, 브라질의 농업 발전을 위해 애썼어요.

　이처럼 라틴 아메리카의 여러 나라들은 미국의 간섭과 독재자의 출현으로 크게 몸살을 앓았어요. 21세기 이후에는 이전보다는 정치적 수준이 개선되었지요. 하지만 여전히 나랏빚이 많고 경제 구조가 약해서 어려움을 겪는 나라들이 많답니다.

라틴 아메리카 독립사

라틴 아메리카는 멕시코가 있는 중부 아메리카와 아르헨티나, 칠레, 브라질 등의
나라가 있는 남부 아메리카로 이루어져 있어요.
라틴 아메리카라는 말에는 라틴(에스파냐와 포르투갈, 프랑스 같은 유럽 사람들)의
문화가 지배한 지역이라는 뜻이 들어 있지요.
지금도 라틴 아메리카 사람 대부분이 유럽처럼 가톨릭을 믿어요.

아주 오래전부터 사람들이
라틴 아메리카 대륙에 살면서
마야, 아스테카, 잉카 등 문명을
발달시켰어요.

15세기 콜럼버스가 아메리카 대륙을
발견했어요. 콜럼버스를 지원한
에스파냐는 아메리카 대륙에
정복자와 선교사를 보냈지요.

16세기 에스파냐가 중앙아메리카의
아스테카(오늘날 멕시코)와 남아메리카
대륙의 서쪽에 있는 잉카 제국(오늘날
페루)을 점령했어요. 남아메리카 동쪽은
포르투갈이 점령했어요. 라틴 아메리카에
정착한 백인을 비롯해 원주민, 흑인,
혼혈인들은 유럽에서 온 사람들의 지배를
받으며 억압받았어요.
점점 불만이 쌓여 갔지요.

18세기 유럽에서 프랑스 혁명이 일어났어요. 모두가 평등하다는 인권 선언문이 발표되었지요. 마침 미국이 영국으로부터 독립했어요. 라틴 아메리카 사람들도 이 소식을 귀담아들었답니다.

19세기 라틴 아메리카 사람들도 독립해야겠다고 생각했어요. 전쟁을 치르기도 했지요. 이때 라틴 아메리카의 아르헨티나, 칠레, 페루, 멕시코, 베네수엘라, 에콰도르 등 수많은 나라가 독립했어요. 포르투갈이 점령했던 브라질은 왕 대신 국민이 뽑은 사람이 나라를 이끄는 공화제가 시작되었지요.

19세기 후반~20세기 초 군대를 이끄는 장군들이 독재자로 등장했어요. 그들은 자신의 배를 불리기 위해서 나라의 광산과 농장을 다른 나라에 팔았지요. 이 무렵 외국의 앞선 기술이 들어와 빠르게 개발되기 시작했어요. 이민자들도 몰려왔답니다.

4장 중국의 변화

혹시 우리 형이 어디 있는지 아니? 두 달 전에 형 친구들이랑 민주주의 시위를 한다고 천안문으로 나갔는데 아직 돌아오지 않고 있거든. 그때 군대가 시위대에 무차별 사격을 했대. 형 친구들은 죽거나 다치고, 몇몇은 도망갔다는데, 우리 형이 살았는지 죽었는지는 알 길이 없어. 어떤 사람들 말로는 미국으로 도망갔을 거래. 형이 돌아올 수 있을까?

중화 인민 공화국의 수립

 **대장정**
중국 공산당이 이끄는 홍군이 국민 정부군과 싸우며 약 1만 2천킬로미터를 걸어서 이동한 것을 말해.

대장정 이후에도 국민당 정부는 공산당을 계속 공격했어요. 장개석(장제스)은 훗날 공산당이 큰 위협이 되리라는 것을 잘 알고 있었거든요.

하지만 장개석은 공산당과 또 한 번 국공 합작을 하지 않으면 안 되었어요. 일본군의 침략 때문이었지요.

"이제 우리 국민끼리 싸우지 말고 일본의 침략부터 막아 냅시다!"

온 국민은 너나 할 것 없이 그렇게 외쳤어요. 국민들은 이전부터 중국인의 권리를 빼앗고 횡포를 부린 일본에 대한 분노가 아주 컸거든요.

1936년에는 장학량(장쉐량)이 서안(시안)에서 장개석을 납치해 공산당과 그만 싸우고 일본과 싸우라고 압박했어요.(서안 사건) 1937년에는 중일 전쟁이 일어났어요.

결국 그해 9월 장개석의 국민당 정부는 일본과의 전쟁을 위해서 다시 한 번 공산당과 손을 잡았어요. 이를 제2차 국공 합작이라고 한답니다.

제2차 국공 합작
일본을 중국에서 몰아내기 위해 국민당과 공산당은 힘을 합치기로 했다. 국민당의 장개석(앞줄 가운데)과 공산당의 모택동(앞줄 오른쪽)이 함께 찍은 사진이다.

대장정 이후 모여서 연설을 듣는 홍군
중국에서 1차 국공 합작이 깨진 직후 만들어진 공산당 군대이다. 1947년부터는 인민 해방군이라 불리기 시작했다.

국민 정부군은 우선 일본과의 싸움에 몰두했어요. 공산당 군대인 홍군은 그 틈새에서 유격전을 펼치며 일본군에 맞섰지요. 공산당은 일본과 싸우면서도 해방구를 건설하는 일에 힘을 기울였어요. 국민 정부군이 일본군에 쫓겨나면 그 지역에 공산당이 들어갔어요. 그리고 그곳 사람들의 마음을 사로잡았지요. 공산당 지배 지역은 점점 더 넓어졌어요.

1939년 초부터 제2차 국공 합작은 위태로워졌어요. 공산당의 활동을 감시하던 국민당 정부는 해방구를 봉쇄시켰어요. 공산당 세력의 확장을 막기 위해서였지요.

1945년 일본군이 항복하자 국공 합작은 사실상 막을 내렸어요.

유격전
그때그때 형편에 따라 적을 기습 공격하는 전투 방식이란다.

해방구
공산당이 다스리는 지역을 말해.

쉬고 있는 홍군
홍군은 명령에 따르고 주민에게 피해를 주지 않는다는 3대 규율과 8대 주의를 정하고 농민들에게 토지를 나눠 주어 사람들의 지지를 받았다.

일본의 항복은 국민당과 공산당, 국민 정부군과 홍군의 본격적인 전쟁을 알리는 신호탄이기도 했어요. 양쪽이 주도권을 놓고 치열한 다툼을 벌이기 시작했지요.

홍군은 국민 정부군보다 한발 빠르게 일본군이 점령했던 지역을 차지해 나가기 시작했어요. 금세 화북(화베이) 지방의 70퍼센트를 점령할 수 있었지요. 만주 지역을 차지한 소련군이 일본군의 무기를 압수하여 홍군에게 넘겨주는 바람에 홍군은 더욱 막강해졌어요.

국민 정부군도 가만있지 않았어요. 양쪽은 내전이나 다름없는 싸움을 벌여 나갔지요. 그러자 국민들이 가만있지 않았어요.

"또 전쟁이라니! 안 돼요. 지금까지 일본군과 싸우느라 지쳤는데……."

국민당과 공산당은 국민들의 호소와 미국의 중재로 1945년 10월 10일, 일단 싸움을 멈추기로 약속했어요.(쌍십 협정) 그리고 통일 정부를 세우기 위해서 모든 정당들이 노력하기로 했지요.

그러나 그 와중에도 곳곳에서 국민 정부군과 홍군이

충돌하고 있었어요. 결국 장개석은 국민당 전당 대회에서 반공을 가장 중요한 정책으로 내세우고 공산당과 싸울 것을 다짐했어요.

한편 공산당은 자신들이 차지한 지역에서 일본과 친하게 지냈거나 농민을 못살게 군 지주를 처형하고, 그들의 토지와 재산을 몰수해 농민들에게 나누어 주었어요. 소작료와 빌린 돈의 이율도 낮춰 주었지요. 이러한 토지 개혁으로 공산당은 점차 많은 사람들에게 환영을 받기 시작했어요.

"공산당이 지주에게서 빼앗은 토지를 가난한 농민들에게 나누어 준대요."

"노동자들에게는 일자리를 준다고 했어요."

농민과 노동자들은 앞다투어 공산당 쪽으로 몰려들었어요. 중국 땅 곳곳에 해방구가 늘어났지요. 그뿐만이 아니었어요. 국민 정부군 병사들 중에서도 홍군 쪽으로 옮겨 가는 사람들이 생겨났어요. 심지어 홍군에 무기를 팔기도 했어요.

이런 사실을 알아차린 국민 정부군은 더 이상 두고 볼 수가 없었어요. 1946년 6월, 마침내 국민 정부

전당 대회
전국의 당원들을 대표하는 대의원들이 모여 하는 회의를 말해.

소작료
남에게 땅을 빌려서 농사를 짓고 그 대가로 땅 주인에게 내는 사용료야.

공산당을 공격하는 국민 정부군
국민 정부군은 미국으로부터 지원받은 뛰어난 무기로 공산당을 공격했다.

군은 홍군을 대대적으로 공격하기 시작했어요. 내전이 벌어진 거예요.

전쟁이 시작되고 한동안은 국민 정부군이 유리했어요. 병력이나 무기가 홍군보다 훨씬 나았으니까요. 그 덕분에 국민 정부군은 공격을 거듭해 공산당의 근거지인 연안(옌안) 부근까지 손에 넣을 수 있었어요. 장개석은 이때 곧 연안이 무너질 것이라고 생각했지요.

하지만 이것은 홍군의 전략에 불과했어요. 홍군은 후퇴를 하면서도 지역 곳곳의 노동자와 농민을 자신들의 편으로 만들어 놓았어요. 더 깊숙하게 물러나면서 국민 정부군의 병력이 여러 곳으로 흩어지게 했지요. 꾸준히 이런 전략으로 움직였어요.

그리고 1947년 6월 말부터 홍군은 반격을 시작했고 연이어 승리를 거뒀어요. 이듬해에는 연안을 되찾고 만주 지역을 완전히 차지했지요. 홍군은 계속해서 중원의 요충지인 서주(쉬저우), 화북 지방의 천진(톈진)과 북경(베이징)을 점령했어요.

그러는 와중에 홍군은 '인민 해방군'으로 이름을 바꾸었어요.

국민 정부군은 크게 밀리고 있다고 느꼈어요. 미국과 영국 등에 도와달라고 했지요. 한편으론 공산당에 휴전

중원
중국 황허 강 중류의 남부 지역을 가리켜. 중국의 중심부나 중국 땅을 일컫기도 한단다.

요충지
지형이 군사적으로 아주 중요한 곳을 말해.

을 요청했어요. 하지만 미국과 영국은 아무런 반응을 보이지 않았어요. 공산당은 국민당의 항복 말고는 받아들일 수 없다고 버텼고요.

그러던 1949년 4월, 인민 해방군은 양쯔 강을 건너기 시작했어요. 그리고 국민 정부의 수도인 남경(난징)으로 향했지요. 이 소식만으로도 국민 정부군은 와르르 무너지기 시작했어요. 전선을 지키던 병사들이 앞다투어 도망치더니 마침내 국민 정부가 남경을 버리고 달아났어요.

이후 6개월 동안, 국민 정부군은 인민 해방군의 공격을 받아 계속 남쪽으로 도망쳤어요. 덕분에 인민 해방군은 1949년 말, 큰 전투 없이 중국 본토를 거의 전부 차지할 수 있었어요. 그리고 10월 1일, 마침내 모택동이 북경의 천안문 앞에 나가 외쳤어요.

"오늘, 중화 인민 공화국이 탄생하였습니다!"

군중들의 박수 소리가 끊임없이 들려왔고, 오성홍기(112쪽)가

오늘 중화 인민 공화국이 탄생하였습니다!

중국의 국기, 오성홍기
붉은색은 혁명, 큰 별은 공산당, 작은 네 개의 별은 농민, 노동자 등 국민들을 상징한다.

게양되었어요. 모택동은 주석 자리에 올랐지요.

장개석과 국민 정부군은 본토를 버리고 대만(타이완) 섬으로 도망쳤어요. 패전군 50만 명과 난민 200만 명이 그의 뒤를 따랐지요.

"나는 이곳에서 기필코 중화민국을 다시 일으켜 세울 것이다."

장개석은 그렇게 소리쳤어요. 하지만 다시는 본토를 밟지 못했어요.

 모택동의 독재 정치

"중화 인민 공화국은 노동 동맹을 기초로 노동자 계급이 지도하는 인민 민주주의 국가입니다."

모택동은 중화 인민 공화국의 임시 헌법을 만들고 그렇게 말했어요.

일단 모택동은 1950년 6월, 토지 개혁법을 발표했어요. 이에 따라 지주로부터 빼앗은 토지를 토지가 없는 농민들에게 나누어 주었지요. 그리하여 약 3억 명의 농민들에게 토지를 나누어 줄 수 있었어요. 그런 덕분에 농민들의 의욕은 아주 높아졌어요. 당연히 생산량이 아주 크게 늘어났지요.

하지만 모택동은 여기에 만족하지 않았어요. 1954년부터는 생산량을 더 늘리기 위해 농업을 집단화하기 시작했어요. 농민들에게 나누어 주었던 토지를 다시 빼앗아 집단 농장을 만든 거예요.

처음에는 10~40호(집)가 모인 작은 집단 농장을 만들었어요. 이후에는 160~170호가 넘는 가구를 합쳐 큰 집단 농장을 만들었지요.

토지와 그 밖의 생산 수단은 집단 소유였고, 수확한 곡물은 노동에 따라 분배했어요. 이와 비슷하게 상공업도 국유화했지요.

모택동은 이를 발판으로 더 높은 목표를 세우고 대약진 운동을 펼치기로 했어요. 대약진 운동은 공업과 농업을 빠르게 발전시키자는 운동이었어요.

"세계 2위의 경제 대국인 영국을 15년 안에 따라 잡읍시다!"

모택동은 국민들에게 그렇게 외쳤어요.

모택동은 철강을 '공업의 쌀'이라 부르며 가장 중요하게 생각했어요.

집단 농장
땅을 함께 소유하고 협동하여 농사짓는 농장이야.

대약진 운동
모택동의 주도로 중국에서 펼쳐진 경제 성장 정책이었단다.

제철소
철광석을 녹여 철을 뽑아내는 곳이야.

용광로
높은 온도로 광석을 녹여서 쇠붙이를 뽑아내는 가마를 말해.

 **인민공사**
중화 인민 공화국의 농촌 행정 경제의 기본 단위를 말해. 1958년에 설립되었지.

"전국 도시와 농촌에서 철강을 생산합시다."

모택동은 큰돈을 들여 제철소를 만들 필요가 없다고 생각했어요. 재래식 용광로만 있으면 된다고 생각했지요. 모택동의 지시로 마을마다 용광로를 설치했어요. 하지만 이곳에서 만든 철은 거의 쓸모가 없었어요. 기껏해야 집 안팎에 있는 숟가락, 밥솥, 낫, 호미 등을 모아서 녹이는 정도였거든요. 물건을 만드는 데 필요한 철은 하나도 만들 수 없었어요. 오히려 용광로를 가동시키기 위해서 주변의 숲을 파괴하고 잘 쓰던 농기구까지 녹여 버리는 바람에 농사를 짓지 못하는 일이 생기기도 했어요.

하지만 모택동은 자신의 정책이 잘 진행되어 가고 있다고 믿었어요. 보고가 제대로 되지 않았거든요. 농민들은 실적을 맞추기 위해서 생산량을 꾸며서 보고했어요. 용광로를 돌보던 사람들도 모택동이 오면 다른 곳에서 가져온 철제품을 보여 주었어요. 누구도 모택동의 정책을 비판하지 못하게 했기 때문이었어요. 온 국민의 뜻을 하나로 모은다는 핑계로요.

이뿐 아니었어요. 모택동은 중국 전 지역에 수만 개의 인민공사를 만들었어요. 각 인민공사는 수천 호의 집으로 이루어졌지요. 집단 농장에서 작은 규모로 하는

대약진 운동에 쓰인 용광로 유적
정부는 마을마다 용광로를 만들어 강철을 뽑게 했다. 연료와 재료를 구하느라 농민들은 농사를 제대로 지을 수가 없었다. 이로 인해 사람들은 굶주림에 처하고 만다.

농사로는 부족하다고 여겼기 때문이에요.

 인민공사에서는 농업뿐 아니라 공업, 상업, 교육, 군사를 함께했어요. 공동 소유의 농기구나 씨앗으로 재배한 농산물 등을 모두 평등하게 나누었지요. 일을 열심히 하는 사람이나 게을리하는 사람이나 받는 양은 마찬가지였어요. 그러니 누구라도 열심히 일할 마음이 생기지 않았어요.

 더구나 농사를 짓는 것은 여자 몫이었어요. 남자들은 주로 공업에 동원되었거든요. 아무래도 힘이 약한 여자들이 하다 보니 농업 생산율이 떨어졌지요.

 농업 생산량이 줄어든 데에는 모택동의 다소 엉뚱한 농업 상식도 한몫했어요.

 "밀식을 하면 벼가 잘 자라니, 모두 따르시오."

4장 중국의 변화

밀식이란 벼를 촘촘하게 심는 농사법이었어요. 그렇게 하면 벼 이삭이 서로 경쟁하면서 더 잘 자라난다는 논리였어요.

하지만 이런 생각은 농업을 연구한 결과가 아니었어요. 소련의 한 사이비 과학자가 "노동자들이 협력하듯 식물들도 같은 종을 가까이 심으면 서로 협력하며 자란다."고 한 말을 어설프게 흉내 낸 것이었지요.

그뿐 아니었어요.

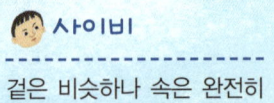

사이비
겉은 비슷하나 속은 완전히 다르다는 뜻이지.

참새가 작물을 해치는 해로운 동물이라고 하면서 참새를 쫓아내게 했어요. 전국의 농민들을 동원해 북과 냄비를 두드리게 했지요.
"끊임없이 소리를 내서 참새를 놀라게 하면, 결국 참새가 피로에 지쳐 죽을 것입니다."
　이처럼 어이없는 참새 퇴치 운동으로 어느 정도 참새 쫓기에는 성공했어요. 하지만 참새가 사라지면서 해충이 크게 늘어 오히려 농작물의 피해가 커졌어요.

 퇴치
물리쳐서 아주 없애 버리는 일이란다.

기근
흉년으로 먹을 것이 모자라 굶주리는 일을 말해.

중국의 군인, 팽덕회
국민 혁명군에 몸담았다가 공산주의에 빠져들어 홍군이 되었다. 6·25 전쟁에서 중국군을 이끌기도 했다. 모택동의 대약진 운동을 비판하다가 비참한 최후를 맞았다.

사실 모택동은 농촌에서 자라났지만, 농사는 짓지 않고 공부만 했기 때문에 이런 말도 안 되는 정책을 펼친 것이었어요. 결국 농사는 제대로 이루어지지 못했어요. 그러는 사이 곡물의 생산이 줄어들었어요. 1961년에는 기근이 들어서 수천만 명의 사람들이 굶어 죽고 말았어요.

이때, 공산당 간부 중 한 사람인 팽덕회(펑더화이)가 비밀리에 모택동에게 편지를 보냈어요.

"대약진 운동의 방향을 바꾸어야 합니다. 그렇지 않으면 국민들이 모두 굶어 죽고 말 것입니다."

팽덕회는 모택동과 같은 고향 사람이기 때문에 국방 장관을 맡은 사람이기도 했지요. 그래서 팽덕회는 모택동이 자신의 말을 들어줄 것이라고 믿었어요. 하지만 아니었어요. 모택동은 자신의 잘못을 인정하고 싶지 않았어요. 팽덕회를 공개적으로 비판하면서 우파 기회주의자로 몰아붙였어요. 그의 측근들까지 모두 쫓아냈지요.

이를 지켜본 수많은 관료들은 대약

진 운동이 잘못된 것임을 알고 있으면서도, 함부로 모택동을 비판할 수 없었어요. 그러는 사이 굶어 죽는 사람이 더더욱 늘어났어요.

 기회주의자

일관된 입장을 갖지 않고 그때그때 상황에 따라 자신에게 이로운 쪽으로 행동하는 사람을 말해.

 문화 대혁명과 천안문 사건

1959년 모택동은 대약진 운동이 지나치다는 점을 인정하고 유소기(류사오치)에게 주석 자리를 넘겼어요. 1961년 마침내 주은래(저우언라이)와 유소기, 등소평(덩샤오핑) 등의 인물이 개혁의 깃발을 올렸어요.

"이제부터 개인이 소규모의 토지를 가질 수 있습니다. 그곳에서 생산된 작물은 팔아서 자신의 이익으로 챙겨도 됩니다."

그런 정책을 펼치자 농민들은 의욕을 되찾았어요. 생산량도 점차 늘어났지요. 굶어 죽는 사람들이 줄어들기 시작했어요. 인민공사의 규모를 줄이거나, 아예 없앤 지역도 있었어요. 그리고 실질적인 발전에 도움을 주는 사람들이 우대를 받기 시작했지요.

등소평, 유소기 등의 1958년 무한 공장 방문
이들 개혁파 인물들은 경제 발전을 위해 개혁과 개방을 시도했다.

"흰 고양이든 검은 고양이든 쥐를 잘 잡는 고양이가 훌륭한 고양이다!"

등소평은 이렇게 말하면서 개혁에 앞장섰어요.

개혁파의 등장으로 잠시 물러나 있던 모택동은 이것이 마음에 들지 않았어요. 더구나 개혁파의 인물들이 점점 권력을 키워 나가자 불안감이 몹시 커졌지요. 모택동은 1962년 1월에 열린 당 간부 회의에서 자신의 잘못을 인정해야 하는 굴욕까지 당했어요.

모택동은 개혁파를 밀어내기로 마음먹었어요.

먼저 여론을 자기편으로 만들기로 했어요. 모택동은 1965년 젊은 문화평론가 요문원(야오원위안)에게 〈해서파관〉이라는 극본을 비판하는 글을 쓰라고 부추겼어요. 요문원은 〈해서파관〉이 팽덕회를 옹호하고 모택동을 비판하는 내용이라고 평했어요. 모택동에게 바른말을 하다가 쫓겨난 팽덕회를 황제에게 바른말을 하다가 쫓겨난 '해서'로 비유했다는 것이지요.

1966년 5월에는 북경대학의 한 철학 강사에게 모택동을 옹호하는 대자보를 대학에 붙이게 했어요.

> 모택동의 사상에 반대하고 당의 지시에 반대하는 자들은 철저히 박멸되어야 한다.

해서파관
1961년 오함(우한)이 쓴 극본이야. 명나라 관리 해서가 잘못된 일에 대해 황제에게 바른말을 하다가 쫓겨나는 이야기지.

대자보
국민이 자기 견해를 주장하기 위해 붙이는 벽보를 말해.

아무리 지위가 높고, 아무리 새로운 주장을 하더라도! 그리고 아무리 오랜 경력을 가지고 있더라도!

모택동이 주도하는 공산주의 교육을 받고 자란 수많은 젊은이들은 흥분했어요.

"개혁으로 자본주의가 들어오면 안 돼. 우리가 직접 공산주의를 지키자!"

청화대학과 북경대학 등 학교를 중심으로 홍위병이 점점 많아졌어요. 이들은 자신을 '공산주의를 지키는 홍위병'이라 불렀어요. 모택동을 '위대한 지도자', '위대한 교사'라며 따랐지요. 모택동은 이 내용을 라디오 방송은 물론 〈인민일보〉에 내보내도록 지시했어요.

1966년 8월 모택동은 중국 공산당 중앙위원회에서  문화 대혁명'을 주장했어요. 반사회주의 세력을 막아 무산자의 주도권을 지키자는 내용이었지요.

1966년 8월 18일에는 문화 대혁명을 축하하기 위해 천안문 광장에 100만 명의 홍위병이 모였어요.

홍위병의 활약은 대단했어요.

홍위병들은 개혁을 주장하는 사람들

무산 계급
재산이 없어 자신의 노동력을 팔아서 생활하는 사람들을 말해.

《모주석 어록》을 든 홍위병
홍위병은 모택동을 따르는 고등학생, 대학생 중심으로 이뤄진 군대였다. 이들은 문화 대혁명에 앞장섰다.

을 무조건 비판했어요. '우파 지식인' 또는 '지주'라는 누명을 씌워 광장에 내몰았지요. 그렇게 끌려 나온 사람들에게는 고깔모자를 씌워 단상에 세운 뒤, 몇 시간씩 무슨 죄를 지었는지 물었어요. 그러면 주변에 모인 홍위병들이 "죽여라!"라고 구호를 외쳤어요. 실제로 어떤 사람들은 홍위병에게 끌려 나와 돌팔매에 맞아 죽

🔸 **돌팔매**
무언가를 맞히려고 던지는 돌멩이를 말해.

거나 몽둥이찜질을 당하기도 했지요.

이 과정에서 개혁을 이끌던 유소기와 등소평 등 많은 간부들이 쫓겨났어요. 개혁에 앞장섰던 유소기는 자기 집에 갇혀 살다가 목숨을 잃었어요. 개혁을 이끌던 등소평은 당에서 쫓겨나 공장에서 강제 노동을 해야 했어요. 모택동의 사상에 충실하지 못했다는 이유였지요. 그의 아들도 청년 홍위병들의 고문에 시달리다가 다리를 다쳐 평생 불편한 몸으로 살아야 했어요.

문화 대혁명 때 공격받은 공자 묘
문화 대혁명은 모택동의 주도로 1966년부터 1976년까지 진행되었다. 봉건 잔재, 자본주의 청산, 사회주의 구현을 내세웠다. 당시 봉건 잔재라는 이유로 공자 묘를 습격했다.

이러한 끔찍한 테러와 숙청은 이후 10년간이나 계속되었어요. 이 사건을 '문화 대혁명'이라 해요.

하지만 1976년 9월 모택동이 죽자 등소평이 다시 권력을 잡게 되었어요. 등소평은 '개혁'과 '개방'을 외치면서 경제 발전에 온 힘을 쏟았어요. 먼저 자본주의 경제에 대해서 자세하게 공부하고 인재들을 뽑아 서유럽에 견학을 보냈어요. 자신이 직접 자본주의의 강대국인 일본과 미국을 방문하기도 했어요.

🧒 **간부**
기관이나 조직의 중심 역할을 맡아 책임지고 조직을 이끄는 사람이야.

이런 노력으로 중국의 경제는 점점 발전하기 시작했어요. 일자리도 늘었고, 먹을 것이 풍족해졌지요.

"등소평은 발전하는 중국을 이끄는 설계사입니다!"

🧒 **설계사**
건물을 어떻게 지을지 계획을 세우고 그림을 그리는 사람을 말해.

4장 중국의 변화

미국을 방문한 등소평
프랑스 유학 중 공산주의를 알고 공산당 활동을 하다 모스크바 중산대학을 거쳐 중국에 돌아와 모택동과 함께 공산당 활동을 했다. 모택동이 죽은 뒤 정권을 잡고 개혁 정책을 펼쳤다.

 분배
생산 결과물을 나누어 주는 일을 말해.

등소평은 그런 칭송을 받았어요. 세계의 사람들은 중국을 '아시아의 떠오르는 용'이라고 불렀어요.

하지만 그럼에도 불구하고 여전히 중국에서 민주주의는 허용되지 않았어요. 사상과 표현의 자유가 주어지지 않았고, 정부는 비판의 목소리를 전혀 들으려 하지 않았지요.

국민들은 점차 민주화를 이뤄야 한다며 목소리를 내기 시작했어요.

"중국의 경제는 발전했지만, 부의 분배는 제대로 이루어지지 않고 있어요."

"우리에게는 당의 정책을 비판하고, 당 간부의 부패를 말할 권리가 있습니다. 우리에게도 민주주의가 필요합니다."

이런 목소리는 북경대학교 학생들을 중심으로 빠르게 퍼져 나갔어요. 다른 곳에서도 시위가 열렸어요. 1989년 5월 중순에는 수천 명의 학생들이 천안문 광장에 모였어요. 이곳에서 학생들은 정부를 비판하고 민주화를 하자고 외쳤어요. 그러자 수백만 명의 시민들까지 합세하여 학생들을 지지했지요. 결국 북경 시내가 거의 마비되는 지경에 이르고 말았어요.

당과 정부를 이끌던 관료들은 재빨리 계엄령을 선포했어요. 그리고 광장에 모인 국민들을 해산시키려 했어요. 하지만 시위는 좀처럼 그치지 않았고, 오히려 더욱 확산되었어요.

　그러던 6월 3일 밤부터 군대가 동원되었어요. 그들은 시민들을 향해 총을 쏘았어요. 그 탓에 광장에 있던 학생 수천 명이 그 자리에서 목숨을 잃고 말았어요. 이를 천안문 사건이라 불러요.

　결국 시위대는 해산되었어요. 며칠 후, 등소평은 "폭동이 진압되었습니다!"라고 발표했지요. 그 모습에 중국의 국민들은 물론, 전 세계 사람들이 깜짝 놀랐어요. 등소평도 한때는 개혁을 주장했었거든요. 어느새 오래된 공산주의를 지키려는 관료가 되어 버린 거예요.

1989년 천안문 사건
수많은 노동자, 학생, 시민들이 민주화를 요구하며 천안문 앞에서 시위를 벌였다.
이 시위를 등소평은 군대와 탱크를 동원해 진압하였다.

심천 경제 특구에 세워진 등소평 판
경제 특구에서는 세금 혜택이나 땅, 설비 이용 혜택을 주면서 외국 기업 활동이나 회사 설립을 적극적으로 돕고 있다.

이후에 등장한 중국의 지도자들은 외국에 문을 열면서도 공산당 독재 체재를 굳건히 지켜 나갔어요. 이들은 경제 발전에 온 힘을 기울였지요. 심천(선전)이나 주해(주하이) 등을 수출 특별 지역(이후 경제 특별 구역, 경제 특구라 부름)으로 만들어 외국의 자본, 기술을 끌어들였어요.

중국은 값싼 노동력이 풍부해 외국인들의 직접 투자가 늘었어요. 이런 노력에 힘입어 1979년부터 30년 동안 중국의 평균 경제 성장률이 9.8퍼센트에 이르기도

문화 대혁명의 상징,《모주석 어록》

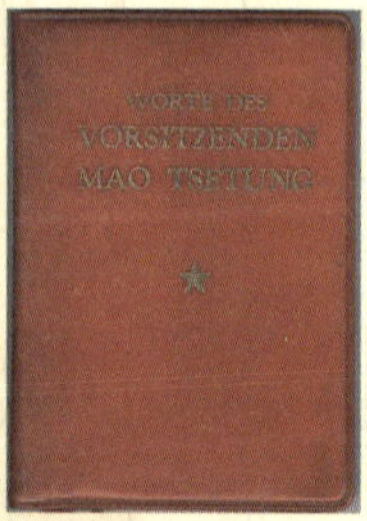

《모주석 어록》 독일어판

세계에서 가장 많이 팔린 책이 뭔지 아세요? 바로 성경이에요. 그런데 성경 다음 가는 베스트셀러라고 하는 책이 중국에 있어요. 바로 모택동의 말을 담은 《모주석 어록》이라는 책이에요. 이 책을 편집한 임표(린뱌오)는 인민 해방군의 장군이었어요. 모택동을 진심으로 따랐지요. 임표는 중국 공산군 기관지인 〈해방군보〉에 모택동의 강연이나 지시 내용을 가려서 게재하게 했어요. 그리고 다시 이것들을 모으고 보충하여 《모주석 어록》이란 책으로 냈지요. 주로 문화 대혁명 기간에 필독서로 팔렸는데, 무려 50~60억 권이나 팔렸다고 해요. "밥은 굶어도 모주석 어록은 꼭 읽어야 한다."며 결혼식 선물로도 주고받았다고 해요. 이 책은 문화 대혁명의 상징이 되었지요.

했어요.

2001년부터는 세계 무역 기구(WTO)에 가입하여, 세계에 문을 활짝 열었어요. 그 후 다른 나라 사람들이 가장 눈독을 들이는 시장으로 성장했지요. 오늘날 중국은 미국과 더불어 'G2'라 불리며 세계 경제를 좌우하고 있답니다.

경제 성장률
일정한 기간 동안 국민 총생산이 얼마나 늘어났는지를 나타내는 비율이야.

우리에게도 민주주의가 필요해!

장개석의 대만은 어떻게 변했을까?

1949년 장개석은 본토에서 인민 해방군에게 패해 중화민국 정부를 대만으로 옮겼어요.

1954년, 6·25 전쟁 이후 미국은 대만이 공산화되는 것을 막기 위해 대만의 중화민국 정부와 상호 방위 조약을 맺었어요.

이후 대만은 토지 개혁을 실시하고 경제 발전을 위한 4개년 계획을 실시했어요. 그 결과 1962년부터 1985년까지 높은 경제 성장률을 보였어요. 이때까지 평균 경제 성장률이 9.3퍼센트에 이르렀어요.

그러나 1971년 본토의 중국이 유엔에 가입하면서 대만은 유엔에서 쫓겨났어요. 이에 분노한 대만은 일본, 미국과 외교 관계를 끊었어요.

1975년 장개석 총통이 사망하고 1988년, 최초로 대만 출신의 총통 이등휘(리덩후이)가 취임했어요. 이후 대만은 여러 정당을 허용하고 총통 직선제(총통을 국민이 직접 투표해 뽑는 제도)를 받아들이는 등 민주화를 위한 노력을 계속했어요.

특히 2000년 5월 취임한 진수편(천수이볜) 총통은 민주진보당 출신이었어요. 국가의 모든 분야를 개혁하는 등 대만의 발전을 위해 노력했어요.

중국은 대만을 자기 나라에 속한 지방 정부로 보고 있어요. 현재 국제 사회에서 대만은 외교권이 없는 비공식 국가라서 올림픽에 출전할 때도 중화민국이라는 이름은 물론 국기도 사용할 수 없어요. 앞으로 중국과 대만과의 관계는 어떻게 변화할까요?

5장 현대의 한국과 일본

1950년경
미국의 방위선 ——

난 나가사키에 사는 무라카미야. 내가 입은 이 옷 어때? 서양식 셔츠와 바지 말이야. 몇 년 전까지만 해도 우리 집은 하루 한 끼 먹기도 바빴어. 아빠가 취직이 안 돼서 엄마가 남의 집 식모살이 하면서 겨우 먹고 살았거든. 그런데 한국에 전쟁이 터지면서, 공장이 막 돌아가고 아빠도 취직이 되었어. 아빠는 어떤 날은 밤까지 일해서 돈을 두 배로 벌어 오셔. 미국도 일본을 도와주고 있대. 언젠가 우리가 세계 제1의 나라가 될 거 같아.

한국의 해방과 전쟁

제2차 세계 대전이 끝날 무렵인 1945년 8월 초, 소련군은 만주의 일본군을 밀어내고 한국 땅을 밟았어요. 일본군이 무조건 항복하기 직전이었지요. 그리고 8월이 지나기 전에 함흥과 청진을 점령했어요. 이후 평양을 거쳐, 개성까지 도달했지요.

이에 깜짝 놀란 미국은 서둘러 한반도에 군대를 보냈어요. 소련이 한반도 전체에 공산주의 깃발을 세울까 걱정되었거든요. 9월 초에 미군은 인천에 상륙하여 한국에 발을 들여놓았지요.

미국과 소련은 일본으로 돌아가는 일본군을 관리한다며 남과 북에 각각 머물렀어요. 북위 38도선을 경계로요. 그리고 남북한이 안정되기 전까지 신탁 통치를 하기로 결정해 버렸지요. 한국 국민들의 뜻과는 상관없이 정해진 것이어서 혼란이 아주 많았어요.

한편, 한국의 지도자 김구는 남북을 오가며 남쪽과 북쪽을 아우르는 통일 정부를 세우기 위해서 노력했어요. 하지만 미

신탁 통치
스스로 다스릴 힘이 부족한 지역을 힘센 나라가 대신 맡아서 이끌어 주는 통치 방식이야.

신탁 통치 반대 시위
1945년 12월 미국과 영국, 소련은 모스크바 3국 외상 회의로 남북한 신탁 통치를 결정했다. 그러자 한반도 전역에서 이를 반대하는 시위가 일어났다.

군이나 소련군과 친한 정치인들은 제각각 딴 생각을 갖고 있었어요.

결국 1948년 8월 15일, 남한에서는 이승만을 대통령으로 하는 대한민국 정부가 세워졌어요. 이승만은 미국에서 박사 학위를 받은 대표적인 친미파였어요.

"행정 경험이 있는 관리가 필요해요."

그러면서 친일파였던 사람들을 그대로 관직에 앉혀서 비난받기도 했어요.

이어서 9월 9일 북한에서는 김일성을 수상으로 하는 조선민주주의인민공화국이 세워졌어요. 김일성은 소련군의 지지를 얻어 다른 공산주의자들을 무너뜨리고 북한 최고 권력자의 자리에 올랐지요.

이처럼 남북한에 정부가 각각 따로 생기면서 민족 분단의 비극을 맞이하게 됐어요.

그러던 1950년 6월 25일 북한군이 38선을 넘어 남한을 침략해 왔어요. 이날이 마침 일요일이라 국군 대부분이 휴가나 외출을 나간 상태여서 남한은 속수무책으로 당했어요. 6·25 전쟁이 일어난 거예요.

이승만 정부는 북한의 엄청난 군사력에 깜짝 놀랐어

1948년 8월 15일 대한민국 정부 수립
1948년 5월 10일 남한에서 국회의원을 뽑는 총선거가 펼쳐졌다. 그렇게 구성된 의회에서 1948년 7월 헌법을 제정했고, 8월 15일 대한민국 정부 수립을 선포했다. 이는 남북 분단을 공식화하는 것이어서 반대하는 사람이 많았다.

요. 도저히 서울을 지킬 엄두가 나지 않자 이승만 대통령과 국방부 장관 등은 몰래 서울을 떠나 대전으로 피난을 갔어요. 그리고 녹음된 방송으로 북한군을 물리치고 있다는 거짓말을 했지요. 이렇게 사람들을 안심시키고는 서울의 한강교를 파괴해 버렸어요. 그 바람에 수많은 서울 시민들이 서울을 빠져나오지 못하고 공산군 치하에서 몇 개월 동안 생활해야 했어요.

북한 인민군에 쫓긴 남한 정부는 임시 수도를 대전과 대구, 다시 부산으로 옮겼어요. 8월 무렵 남한은 인민

> **인민군**
> 북한의 군대를 가리키는 말이야.

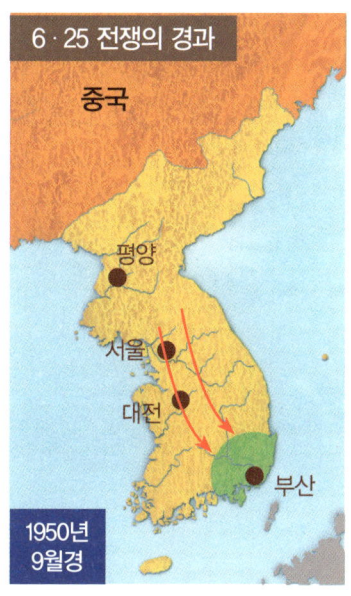

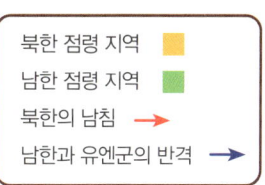

군에게 거의 점령당하고 말았어요. 부산과 대구, 경북 일부 지역만 빼고요.

 바로 이때, 미국은 유엔에 도움을 청했어요. 한반도 전체가 공산화되는 것을 막기 위해서였어요. 이에 미국 외에도 15개의 나라가 남한을 돕기로 하고 군대를 보내왔어요. 동시에 미국은 더글라스 맥아더 장군을 앞세워 인천 상륙 작전을 펼쳤지요. 인천을 발판으로 미군은 9월 28일 서울을 되찾았어요.

 이제 전쟁의 흐름이 바뀌었어요. 미군과 유엔군, 국군은 재빨리 북한군을 38선 이북으로 밀어냈어요.

 하지만 전쟁이 끝난 것은 아니었어요. 이승만은 '북쪽으로 진격하자!'고 외쳤어요. 미국도 이 기회에 한반

1953년 휴전 서명
휴전은 전쟁을 쉰다는 말이다. 휴전 협정에 서명한 이후 남과 북은 당시의 전선을 군사 분계선으로 삼아 분단된 상태이다. 현재 남북한은 세계 유일의 분단국가이다.

도에서 공산주의 정부를 아예 몰아내고 싶었지요.

미군과 국군은 10월에 평양을 지나 연말에는 압록강 유역까지 진격했어요. 마침내 통일이 이루어지는 듯했지만 아니었어요. 중국이 북한을 돕기 위해 나섰지요.

중국이 보낸 병사들이 어찌나 많은지 바다처럼 보였어요. 그래서 이를 인해전술이라고 해요. 중국군은 인해전술로 유엔군과 국군을 밀어붙였어요. 유엔군과 국군은 다시 후퇴하기 시작했지요. 이듬해 1월에는 다시 서울을 빼앗기고 말았어요.

북한 인민군과 유엔군은 한동안 38선을 사이에 두고 전진과 후퇴를 수도 없이 반복했어요. 그러는 동안 수많은 사상자가 생겼고, 한반도 땅은 황폐해졌어요.

1953년 7월 27일, 양쪽은 휴전하기로 결정했어요. 이때까지 남북한 합쳐 목숨을 잃거나 부상을 당한 사람이 무려 520만 명 이상이었어요. 이후에도 남과 북은 끊임없이 대립할 수밖에 없었답니다.

🚃 민주주의의 시련과 경제 발전

전쟁이 휩쓸고 간 뒤, 평화를 되찾은 한국 정부는 전후 복구를 위해서 애썼어요. 하지만 채 10년이 지나지 않아 이번에는 국내 문제로 온 나라가 떠들썩했어요. 첫 번째 대통령 이승만이 이끌고 있던 자유당의 부정 선거 때문이었어요.

1960년 3월 15일에 실시된 대통령 선거에서 자유당은 있지도 않은 가짜 유권자를 만들어 내 투표율을 올렸어요. 그뿐 아니었어요. 나라의 힘으로 야당을 지지하는 유권자를 협박했고 투표소에 야당 참관인이 들어가지 못하도록 방해하기도 했어요. 그 결과 이승만이 다시 대통령에 당선되었지요.

결국 투표 당일부터 마산시에서 부정 선거에 항의하는 시위가 벌어졌어요. 이때, 시위를 진압하던 경찰이

자유당
1951년 부산에서 이승만을 총재로 만들어진 보수 정당이야.

유권자
선거할 권리를 가진 사람을 말해.

최루탄
눈물이 나게 하는 물질을 넣은 탄환이야.

총을 쏘는 바람에 수십 명의 민간인이 목숨을 잃고 말았어요. 4월 11일에는 마산 앞바다에서 경찰의 최루탄에 맞아 사망한 한 소년의 시신이 떠올랐지요.

이 사실은 금세 전국에 퍼졌어요. 부정 선거에 항의하는 시위는 더욱 커졌어요. 이 시위에는 대학생뿐만 아니라, 교수와 일반인은 물론 초등학생까지 나섰지요.

4월 19일, 경찰은 경무대(오늘날 청와대)로 진출하는 시위대에게 총을 쏘아 많은 사람들이 목숨을 잃었어요. 그럼에도 민주주의를 요구하는 시위는 그치지 않았어요.(4·19 혁명) 결국 이승만은 대통령직에서 내려오겠다고 발표하고, 하와이로 망명했어요.

이어 새로운 정부가 들어섰어요. 하지만 1년이 지난

민주화 운동, 4 · 19 혁명
이승만 대통령의 불법적인 재당선과 부정 선거를 바로잡고자 1960년 4월 19일에 국민들이 일어났다.

1961년 5월 16일, 박정희 소장을 비롯한 군인들이 쿠데타를 일으켰어요.(5 · 16 군사 정변)

"반공이 제일 중요합니다. 반공 체제를 강화합시다."

군인들은 이런 내용을 포함한 혁명 공약을 발표하면서 모든 기존 정치인이 활동하지 못하게 했어요.

2년 후, 박정희는 대통령 선거에서 당선되었어요. 경제 발전을 목표로 내세우고, 그에 필요한 돈을 얻기 위해 일본과의 관계를 정상화했어요. 베트남 전쟁이 일어나자 국군을 파견하여 미군과 함께 베트남의 공산화를 막으려고 했지요. 파견 장병들을 통해 많은 돈을 벌어들이기도 했어요.

박정희 정부는 시작된 후 10년 동안 놀라운 경제 성장을 이룩했어요. 신발과 섬유 등을 비롯한 경공업 제

 **경공업**
부피에 비해 가벼운 물건을 만드는 공업이야.

노동자의 인권을 위해 활동한 전태일
10대 때 공장에서 재봉질을 하며 열악한 환경에서 일하는 노동자들의 현실을 깨달았다. 이후 노동법 준수를 위해 애쓰다 여러 장벽을 느끼고 1970년 11월 목숨을 던졌다.

 유신 헌법

'유신'은 낡은 제도를 고쳐 새롭게 한다는 뜻이야. 이 헌법 개정에서 대통령 직선제를 폐지하고 간선제(중간 선거인이 대통령을 선출하는 제도)를 채택했어.

품의 수출이 크게 늘었어요. 아울러 서독에 광부와 간호사를 파견하고, 중동에 근로자를 파견함으로써 외화를 벌어들이는 데도 한몫했어요. 1977년에는 수출 100억 달러를 달성하기도 했지요.

서울과 부산을 잇는 경부 고속도로가 완성되고 서울에 높은 건물이 즐비하게 늘어선 것도 이즈음부터였어요. 그 때문에 외국에서는 '한강의 기적'이라며 한국 정부를 칭찬하기도 했어요.

하지만 경제 발전만을 내세운 나머지 노동자들은 열악한 노동 환경에 시달리기도 했어요. 무분별한 개발 때문에 환경이 크게 오염되는 문제가 생기기도 했지요.

박정희 정부는 헌법을 제멋대로 고쳐 연이어 대통령에 당선되었고, 1972년에는 대통령의 권한을 크게 강화하는 유신 헌법을 만들기도 했어요. 전국적으로 유신 반대 시위가 일어났지만, 정부는 각종 긴급 조치를 발표하여 시위를 탄압했어요.

그러던 1979년 10월 박정희 대통령은 당시 중앙정보부장이던 김재규에게 암살되었어요.(10·26 사태)

그해 12월 12일, 또다시 군사 쿠데타(12·12 사태)가 일어나 전두환, 노태우 등 군인들이 다시 정권을 잡았어요. 이듬해 봄부터 이에 항의하며 민주화를 요구하는 시위가 서울에서부터 일어나기 시작했어요.

이때, '신군부'라 불리던 군인들은 계엄령을 선포하고, 시민들을 진압했어요.

그럼에도 불구하고 5월 18일 광주에서 학생들을 중심으로 민주화 운동이 크게 일어났어요. 신군부는 공수 부대(비행기에서 공중으로 내려와 작전을 펼치는 부대)를 투입하여 이를 진압했어요. 이에 광주 시민들은 시민군을 조직하여 맞섰지요. 이 과정에서 많은 시민들이 다치거나 목숨을 잃었어요.(5·18 민주화 운동)

이듬해 2월, 전두환은 대통령에 당선되었어요. 하지만, 민주화 운동을 폭력적으로 진압했기 때문에 도덕성을 인정받을 수는 없었지요.

1987년에는 서울대생 박종철이 경찰에게 고문당하다가 목숨을 잃는 사건이 일어났어요. 다시 민주화 시위가 봇물처럼 터졌어요. 국민들은 전국적으로 시위를 벌이며 대통령 직선제를 요구했어요. 그해 6월, 정부는 시민들의 요구를 받아들여야 했어요. 대통령 직선제로 군부의 권력 독점을 막을 수 있게 되었어요. 민주화로 가는 큰 걸음이었지요. 하지만 여전히 민주화는 미완성이고 갈 길이

대통령 직선제

국민 각자가 직접 투표하여 대통령을 뽑는 제도야.

5·18 민주화 운동 추모탑

신군부의 쿠데타가 민주화를 후퇴시키는 일이라 판단한 대학생과 시민들이 신군부에 반대하며 시위를 벌였다. 신군부는 계엄령을 내리고 1980년 5월 18일 시작된 광주의 민주화 운동 시민들을 희생시켰다.

멀어요. 우리 모두 민주주의를 지키고 발전시키기 위해 노력해야 해요.

이후 노태우, 김영삼, 김대중 정부가 차례로 들어섰어요. 김대중 정부 때에는 해방 이후 처음으로 남한의 정상이 북한을 방문하는 등 남북 화해의 물꼬가 트이기도 했답니다.

아직도 한국은 북한과 분단 상태에 있어요. 또한 한반도를 둘러싼 미국, 러시아, 중국, 일본 등 여러 나라들 사이에서 현명하게 대처해야 할 상황에 놓여 있기도 하지요.

전쟁 직후 일본의 상황

제2차 세계 대전이 끝났을 때, 일본의 상황은 매우 심각했어요. 전쟁으로 수백만 명의 사람들이 목숨을 잃고, 집을 잃었어요. 먹을 것도 충분하지 않았고요. 한국에서 수탈하던 쌀이 끊어진 상태에서 하필이면 대흉작까지 찾아왔지요.

그런데다가 전쟁 중에 외국에 나가서 살던 일본인들이 귀국하는 바람에 식량난은 더욱 심각해졌어요. 실업자의 수가 늘고 물가도 덩달아 치솟았지요. 그야말로 일본 사람들의 생활은 너무나 비참했어요.

이런 상태에서 연합국 최고 사령부가 일본을 통치했어요.

"일본을 전쟁에 몰아넣은 군국주의 세력을 없애고 민주주의가 뿌리내리게 합시다!"

연합국 최고 사령부는 그런 목표를 가지고 전쟁을 일으킨 도조 히데키 수상 등을 체포했어요. 이때 28명의 지도자가 전범 재판에서 모두 유죄 판결을 받았어요. 그중 도조 히데키를 비롯한 일곱 명에게 사형이 선고되었지요.

연합국 최고 사령부는 일본에게 비군사화와 민주화를 요구했어요. 그러기 위해서는 이전의 비민주적인 헌법(대일본 제국 헌법)을 폐기하고 새로운 헌법을 만들어야 했지요.

"우선 헌법부터 고쳐야 합니다."

천황 중심의 제국주의 국가에서 민주주의 국가로 나아가기 위해서도 헌법을 고쳐야 했지요. 국민들도

연합국 최고 사령부
제2차 세계 대전 이후 미국을 중심으로 한 연합국이 일본을 관리하기 위해 일본에 설립한 기구였어.

군국주의
군사력을 키워 나라를 발전시키려는 생각이야.

맥아더 장군을 방문한 쇼와 천황
1945년 일본은 항복 후, 연합국 최고 사령부의 지배를 받게 되었다. 이 최고 사령부의 사령관은 미국의 맥아더 장군이었다.

 내각
국가 행정권을 이끄는 최고 합의 기관이야.

그걸 바랐어요. 일본의 지도자들은 헌법을 고치기 위해 노력했어요.

하지만 상당수의 지도자가 여전히 천황 중심의 국가를 원하고 있었어요. 연합국 최고 사령부가 보기에 그건 민주주의와 거리가 멀었어요. 더구나 천황 중심 체제는 또다시 전쟁을 불러올지 모른다고 생각했지요.

참다못한 연합국 최고 사령부가 직접 헌법 초안을 만들어 일본 내각에 보냈어요.

일본 내각은 연합국 최고 사령부의 제안을 일부 수정하여 새 헌법을 공표했어요.

이 헌법에는 세 가지의 원칙이 반영되었어요. 그 세 가지 원칙은 바로 천황의 상징화, 국민 주권(민주주의), 평화주의였어요.

새 헌법에 따라 천황은 상징적인 존재가 되었고 모든 나랏일을 국민의 뜻에 따라 결정해야 했어요. 이즈음 일본 천황이 "천황은 인간일 뿐 신이 아니다!"라고 선언하여 천황의 지배 체제에서 완전히 벗어났음을 알려 둔 상태였지요. 이제 국회가 국가의 최고 기관이 되었어요. 또한 국민 누구나 자유권, 참정권 등의 기본권을 갖게 되었어요. 국민들은 새 헌법을 환영했지요.

연합국 최고 사령부가 특히 강조한 것은 평화주의였어요. 일명 '평화 헌법'이라고도 불리는 헌법 9조에 담겼지요.

"일본 국민은 정의와 질서를 지키며 국제 평화를 위해 노력해야 한다. 어떠한 경우에도 전쟁을 일으키거나 무력을 사용해선 안 되며, 육해공군과 기타 무력, 교전권을 가질 수 없다."

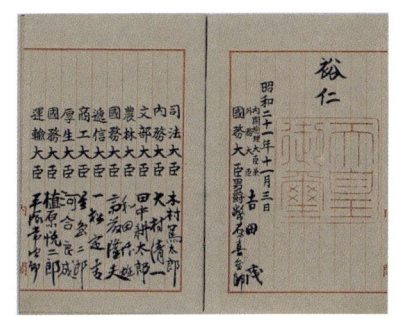

1947년 일본국 헌법 제정 당시의 헌법 원본
오늘날의 일본국 헌법은 연합국 최고 사령부 점령 하에서 대일본 제국 헌법(메이지 헌법)을 개정하는 형식으로 만들어졌다.

아울러 경제의 민주화를 실현하기 위해 꼭 필요한 것이 있었어요. 다름 아닌 농지와 재벌을 새롭게 바꾸는 일이었지요.

우선 연합국 최고 사령부는 도시에 살면서 실제로 직접 농사를 짓지 않고 소작을 짓게 하는 부재지주의 토지를 몰수했어요. 그리고 이 토지를 싼값에 농민들에게 나누어 주었지요.

 교전권

나라 간의 문제를 평화적으로 해결할 수 없을 때 전쟁을 할 수 있는 권리를 말해.

그리고 전쟁의 책임이 재벌에게도 있다고 생각하고 재벌을 해체하기로 했어요. 연합국 최고 사령부는 미쓰이, 미쓰비시, 스미도모, 야스다 등 4대 재벌과 중소 재벌들을 수백 개의 회사로 나누었어요. 이 덕분에 작은 중소기업도 경쟁력을 갖게 되었어요.

또한 연합국 최고 사령부의 장려로 1946년 6월까지 1만 개가 넘는 노동조합이 탄생했어요. 노동조합은 곧

구매력

무언가를 살 수 있는 재력을 말한단다.

노동 운동을 통해 임금을 올렸어요. 이는 구매력을 이끌어 냈지요. 그 덕분에 경기가 활발하게 살아났어요.

옛 가족법을 폐지한 후 부부의 평등을 원칙으로 하는 새 가족법이 만들어졌고 교육 제도도 새롭게 만들어졌어요. 지방 자치 제도도 실시되었지요. 일본은 미국의 원조를 받으며 천천히 안정되어 갔어요.

일본의 부흥과 발전

폐허가 된 일본을 아주 빨리 일어서게 한 것은 뜻밖에도 6·25 전쟁(한국 전쟁)이었어요.

한반도에서 벌어진 전쟁은 처음에는 소련을 등에 업은 북한군의 승리로 끝날 것처럼 보였어요. 미국은 한반도에 공산주의 국가가 들어설까 봐 걱정했어요. 그래서 재빠르게 유엔에 도움을 요청하고, 남한을 돕기로 했지요.

이때 가장 먼저 남한에 파견된 군대가 일본에 머물던 미군이었어요. 미군에 필요한 군수 물자를 일본에서 구해 보내 주었지요.

전 연합군 최고 사령부 건물

1945년 8월부터 1952년까지 일본 도쿄 하비야에 연합국 최고 사령부가 있었다. 미국을 중심으로 한 연합국이 정책을 결정하고 일본 기관들이 시행하도록 했다.

그 덕분에 일본 경제가 활기를 띠기 시작했어요.

병사들이 입을 군복과 생활필수품 등의 주문이 밀려들기 시작했어요. 그러자 군복을 만드는 데 필요한 섬유 산업도 함께 발전했지요.

이어 군용 트럭의 수요가 늘자 자동차 산업이 발달하기 시작했어요. 자동차를 만드는 데 필요한 철강 산업이 발달했으며 덕분에 중공업도 활기를 띠었어요.

6·25 전쟁으로 되살아난 일본 경제
일본에서 6·25 전쟁에 쓰일 군용 트럭을 만들면서 자동차 산업이 발달했다. 철강 산업과 중공업도 덩달아 발달했다.

일본은 재무장할 수 있는 기회까지 생겼어요. 연합국 최고 사령부의 맥아더가 요시다 총리에게 경찰 예비대를 재빨리 늘리라고 요청했거든요. 일본에 머물던 미군이 일본을 비운 사이에, 혹시라도 소련이 공격할지도 모르니까요.

이런 식으로 경찰 예비대는 꾸준히 늘어났어요. 이들은 훗날 '자위대'로 크게 성장했지요.

일본의 운은 거기서 그치지 않았어요. 6·25 전쟁으로 산업이 부흥하는가 싶더니, 점차 국제적인 경쟁력까지 갖추게 되었어요. 일본이 만든 상품의 수출량이 크게 늘기 시작했던 거예요. 이즈음, 세계는 제2차 세계 대

일본의 자위대
1950년 6·25 전쟁이 나면서 일본에 경찰 예비대가 설립되었다. 이 예비대는 조직을 다시 편성하여 1954년에 자위대가 되었다.

전 후 복구 작업이 한참이었거든요.

미국은 공산 국가의 도전에 크게 놀라 일본을 아시아의 자유 진영을 지키는 방패로 삼아야겠다고 생각하게 되었어요.

"우선 일본을 도와주어 철저히 우리 미국 편으로 만들어 놓읍시다."

일본은 한동안 미국으로부터 거의 공짜나 다름없는 원조를 받게 되었어요. 일본의 산업은 더욱 크게 발전했지요. 또한 군대를 만들 수 없다 보니 국방 예산도 들지 않았어요. 그 돈은 산업에 다시 투자되어 산업 발전에 아주 큰 영향을 미쳤지요. 일본은 이미 1968년에 전 세계적으로 미국에 이어 두 번째로 큰 경제 대국이 되었어요.

6·25 전쟁에 참전한 유엔군

유엔군이 처음으로 참전한 전쟁이 바로 6·25 전쟁이에요. 전쟁이 터진 직후 미국의 주도로 열린 유엔 안전 보장 이사회는 북한의 침략을 비난하면서 즉시 철수하라고 요구했지요. 북한은 이에 응하지 않았어요. 그러자 유엔은 1950년 7월 유엔군을 결성하여 이듬해 초까지 캐나다, 미국, 터키 등 16개 나라의 군대를 보냈어요. 수백만 명이나 되었지요. 이탈리아, 스웨덴 같은 몇몇 나라들은 병원선이나 의료품을 보내 주었어요. 부산까지 밀렸던 국군은 유엔군의 지원으로 다시 북쪽까지 올라갈 수 있었어요. 지금은 우리나라도 세계 평화 유지를 위한 유엔군을 세계 곳곳에 파견하고 있답니다.

그러나 시간이 지날수록 재벌이 다시 늘어나고, 정치인과 재벌의 부정부패가 드러나기도 했어요. 그 탓에 50여 년 동안 집권하고 있던 자민당이 정권을 빼앗기기도 했지요. 1990년대에 들어서는 세계 경제의 불황으로 수많은 금융 업체가 파산하는 등 경제 침체기가 찾아오기도 했어요.

우리나라와의 관계에 대해 일본은 교과서를 왜곡하여 과거의 침략 사실을 정당화했어요. 한편으로는 자위대를 강화하면서 무장하려 애쓰고 있어요. 이것이 지금의 일본의 모습이랍니다.

일본은 왜 독도를 뺏으려 할까?

일본은 왜 우리 땅 독도를 자기네 땅이라고 자꾸 우길까요?
독도가 일본 땅이 되면 독도 기준으로 영해가 정해지니,
일본 영토가 그만큼 늘어나기 때문이에요.
독도에 있는 천연 자원도 차지할 수 있고요.

언제부터 우기기 시작했을까?

1905년 러일 전쟁 직후, 일본은 러시아의 남하를 막기 위해 독도를 자기네 땅이라고 발표해 버렸어요. 시마네 현 소속 다케시마라고 정하고 건물까지 지으면서요.

↳ 러일 전쟁

일본이 우기는 근거

일본은 제2차 세계 대전 후 처리를 위해 1951년, 연합국 48개국과 샌프란시스코 강화 조약을 맺었어요. 그 조약에서 한국에 대한 권리를 포기한다고 했지요. 일본은 이때 독도를 명시하지 않았기 때문에 독도는 아직 자기네 땅이라고 우기고 있어요.

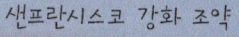

샌프란시스코 강화 조약

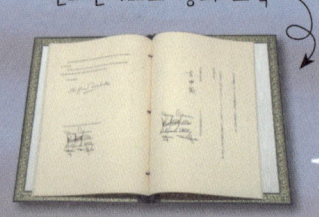

우산도는 신라의 땅이오!

독도가 한국 땅인 증거 - 《삼국사기》

《삼국사기》에 의하면 신라 지증왕 13년에 우산도(독도)를 복속했다고 해요. 이후 줄곧 우리 땅이었어요.

《삼국사기》

독도가 한국 땅인 증거 - 일본인들의 확인

조선 숙종 때(1693년)는 안용복이 일본의 돗토리성에 가서 독도가 조선의 영토임을 확인받고 돌아왔어요. 일본 관리는 "독도를 포함한 울릉도는 일본의 영토가 아니다!"라는 글을 써 주었어요.

독도가 한국의 땅이라는 증거는 일본인이 만든 지도에도 나와 있어요. 1592년 일본이 만든 〈조선국지리도〉나, 1785년 일본 학자 하야시 시헤이가 그린 〈삼국접양지도〉에는 울릉도와 독도가 조선의 색깔과 같은 색으로 칠해져 있어요. 조선의 영토임을 표시한 거예요. 1877년 일본의 공문서에도 "울릉도와 독도는 일본과 관계가 없는 곳이다."라며 지도에 그리지 말라고 명령했어요.

분명한 우리 땅 독도를 잘 지키기 위해 늘 관심을 가져야 해요.

〈조선국지리도〉

독도는 우리 대한민국 땅이야!

찾아보기

ㄱ

고르바초프 39, 44~47, 49~50, 52
고엽제 31
골라르트 100
관료주의 44
국민당 106~109, 111
글라디노스트 45
김대중 142
김영삼 142

ㄴ

나사 41
나세르 77~82, 100
나치즘 13
남베트남 민족 해방 전선 11, 29~31, 33
노동조합 50, 52, 145
노태우 140, 142
닉슨 32, 56

ㄷ

대약진 운동 113, 115, 118~119
대통령 직선제 140~141
대한민국 정부 수립 133
도조 히데키 143
독립 국가 연합 47, 49
둡체크 34~35
등소평(덩샤오핑) 119~120, 123~126
디아스포라 74

ㄹ

라이트 형제 64
러일 전쟁 150
레오폴드빌 89
레이건 46, 57
루마니아 혁명 50
루뭄바 89~91
룰라 101

ㅁ

마르셀 뒤샹 68
마르크화 17
마셜 15, 17
맥아더 135, 144, 147
모부투 91
모주석 어록 121, 126

모택동(마오쩌둥) 106, 111~115, 118~121, 123~124, 126

무자헤딘 37~38

문화 대혁명 119, 121, 123, 126

민주화 시위 141

ㅂ

바르샤바 조약 기구 21, 35

바오다이 28

바웬사 50

바이킹 1호 41

베를린 봉쇄 18~20

베를린 장벽 23, 43, 50, 52~53, 55

보트피플 33

복제양 돌리 66

북대서양 조약 기구 21

ㅅ

4·19 혁명 138~139

살류트 1호 40

살바도르 달리 68

삼국사기 151

삼국접양지도 151

상대성 이론 66

상호 방위 조약 128

샌프란시스코 강화 조약 150

샘 68

서안 사건 106

석유 수출국 기구 85

석유 파동 56, 85

세계 무역 기구 58, 127

속죄의 날 84~85

쇼와 천황 144

수에즈 운하 76, 78~81

스탈린 12, 22, 34, 45

스팅어미사일 38~39

스푸트니크 1호 40

시오니즘 72

신군부 141

신자유주의 58~59

신탁 통치 132

쌍십 협정 108

ㅇ

아민 37

아비뇽의 아가씨들 69

아스완 댐 78, 82

아스완 하이 댐 82

아옌데 98~99

아인슈타인 66

아폴로 11호 41, 67

안용복 151
알제리 민족 해방 전선 88
앤디 워홀 69
연합국 12, 17, 19, 143, 146, 150
연합국 최고 사령부 143~147
옐친 47~49
오보테 93
오성홍기 111~112
오스트마르크 17~18
우루과이 라운드 58
우산도 151
우주 정거장 40~41
원자 폭탄 21
유럽 공동체 60, 62
유럽 석탄 철강 공동체 60~62
유럽 연합 59, 62~64
유럽 원자력 공동체 62
유소기(류사오치) 119, 123
유신 헌법 140
유엔(국제 연합) 74~75, 82~83, 85, 91, 129, 135, 146, 148
6·25 전쟁(한국 전쟁) 133, 135, 146, 148
6일 전쟁 84, 87
은크루마 91~92
응오딘지엠 28~29
이등휘(리덩후이) 129
이디 아민 93

이스라엘 방위군 75
이승만 133~135, 137~139
익스플로러 1호 41
인공위성 40~41, 66~67
인민 해방군 107, 110~111, 126, 128
인민일보 121
인천 상륙 작전 135
일당 독재 50~52

ㅈ

자본주의 14~15, 18, 21, 55, 57, 121, 123
자위대 147~149
자유 장교단 77
자유당 137
장개석(장제스) 106, 109~110, 112, 128~129
장학량(장쉐량) 106
전태일 140
정찰기 23
제2차 국공 합작 106~107
제2차 세계 대전 12~14, 16, 27, 36, 56, 59, 65, 72, 88, 94, 96, 100, 132, 142~143, 147, 150
제네바 협정 28
조선국지리도 151
중거리 핵 폐기 협정 46
진수편(천수이볜) 129
집단 농장 113~114

ㅊ

차우셰스쿠 50~51
처칠 12
천안문 사건 119, 125
체 게바라 95~96
체르노빌 원자력 사고 66

ㅋ

카스텔루 브랑쿠 100
카스트로 24, 95
카터 56, 86
컬럼비아호 41
케네디 26, 56
콩고 민족 운동 89~90
콩고 민주 공화국 89~91
쿠바 위기 25
크렌츠 52
크리스마스 폭격 32
키부츠 73

ㅌ

태양광 비행기 65
토지 개혁법 112
트루먼 12, 15

ㅍ

파루크 1세 76~77
파리 협정 32
팍스 아메리카나 56
팔레스타인 71, 73~74, 86, 101
팝아트 69
팽덕회(펑더화이) 118, 120
페니실린 65
페레스트로이카 45~46, 50
평화 헌법 145
포츠담 회담 12
프라하의 봄 35~36
피노체트 99
피카소 69

ㅎ

해방구 107, 109
해상 봉쇄령 25
해서파관 120
호찌민 27~29, 33
홍군 106~110, 118
홍위병 121~123
화폐 개혁 17~18
흐루쇼프 21~22, 24, 26

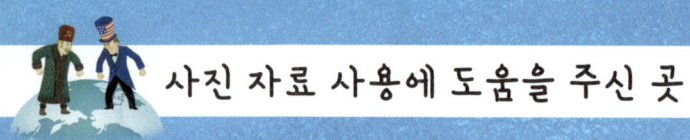

사진 자료 사용에 도움을 주신 곳

헝가리와 소련의 악수 조각상 : By Ferran Cornella & CC-BY-SA

1948년 발행된 새로운 마르크 : By National Museum of American History & CC-BY-SA

베를린 장벽 : By Edward Valachovic & CC-BY-SA

호찌민 상 : By Lynhdan Nguyen & CC-BY

체코 사태 : By John W. Schulze & CC-BY

이슬람 전사 무자헤딘 : By Erwin Lux & CC-BY-SA

스푸트니크 2호 기념 우표 : By Vintageprintable1 & CC-BY-SA

보스토크호 : By Benutzer & CC-BY-SA

살류트 1호 모델 : By Godai & CC-BY-SA

고르바초프 : By Yuryi Abramochkin & CC-BY-SA

옐친 : By JosepStalin & CC-BY-SA

1989년 루마니아 혁명 : By Denoel Paris and other photographers & CC-BY-SA

베를린 장벽 희생자 추모비 : By Magnus Manske & CC-BY-SA

서독으로 가는 동독 사람들 : By Gunter Mach, Helmstedt & CC-BY-SA

우루과이 라운드 회의 : By World Trade Organization & CC-BY

유럽 석탄 철강 공동체 본부 : By Borsi112 & CC-BY-SA

유럽 연합 의회 : By Diliff & CC-BY-SA

1980년대의 개인용 컴퓨터 : By Grmwnr & CC-BY-SA

기억의 지속 : By ahisgett & CC-BY

우는 여인 : By Nicho Design & CC-BY

메릴린 먼로 1967 : By Ian Burt & CC-BY

유대인의 협동 농장, 키부츠 : By Ranbar & CC-BY-SA

나일강의 아스완 댐 : By Remih & CC-BY

아스완 하이 댐 건설 기념탑 : By Courtney Collison & CC-BY-SA

6일 전쟁 당시 이스라엘 탱크 : By Bukvoed & CC-BY-SA

이집트 사다트와 이스라엘 베긴의 약속 : By Tal Shabtai & CC-BY-SA

가나의 볼타 호수 : By Sandister Tei & CC-BY

대약진 운동 당시 용광로 : By Zhangzhugang & CC-BY-SA

팽덕회 조각상 : By Prince Roy & CC-BY

문화 대혁명 때 손상된 공자 묘 : By Vmenkov & CC-BY-SA

천안문 사태 진압 탱크 : By Michael Mandiberg & CC-BY

진수편 : By Jamali Jack & CC-BY-SA

전태일 흉상 : By dalgial & CC-BY-SA

5·18 민주 항쟁 추모탑 : By Pioneerhj & CC-BY-SA

전 연합군 최고 사령부 건물 : By そらみみ & CC-BY-SA

샌프란시스코 강화 조약 : By World Imaging & CC-BY-SA

조선국지리도 : 독도박물관 소장

- 이 책에 사용한 사진의 박물관과 저작권자의 출처를 표시하였습니다.
- 저작권자가 누락되거나 착오가 있다면 다음 쇄를 찍을 때 수정하겠습니다.

세계 속의 지도자

영국
- 처칠 수상(1940년~1945년, 1951년~1955년)
- 애틀리 수상(1945년~1951년)
- 이든 수상(1955년~1957년)

미국
- 트루먼 대통령(1945년~1953년)
- 케네디 대통령(1961년~1963년)
- 닉슨 대통령(1969년~1974년)
- 카터 대통령(1977년~1981년)
- 레이건 대통령(1981년~1989년)

소련
- 스탈린 공산당 서기장(1922년~1953년)
- 흐루쇼프 공산당 서기장(1953년~1964년)
- 고르바초프 공산당 서기장(1990년~1991년)

러시아 공화국
- 옐친 대통령(1991년~1999년)

서독
- 아데나워 수상(1949년~1963년)

동독
- 호네커 서기장(1971년~1989년)
- 크렌츠 서기장(1989년)

체코슬로바키아
- 둡체크 서기장(1968년~1969년)

헝가리
- 바웬사 대통령(1990년~1995년)

루마니아
- 차우셰스쿠 대통령(1974년~1989년)

이집트
- 파루크 1세(1936년~1952년)
- 나세르 대통령(1956년~1970년)
- 사다트 대통령(1970년~1981년)

쿠바
- 카스트로 총리(1961년~2008년)

아르헨티나
- 페론 대통령(1946년~1955년, 1973년~1974년)

칠레
- 아옌데 대통령(1970년~1973년)
- 피노체트 대통령(1974년~1990년)

브라질
- 골라르트 대통령(1961년~1964년)
- 카스텔루 대통령(1964년~1967년)
- 룰라 대통령(2003년~2010년)

중화민국
- 장개석(장제스) 총통(1948년~1949년, 1950년~1975년)
- 이등휘(리덩후이) 총통(1988년~2000년)
- 진수편(천수이볜) 총통(2000년~2008년)

중화 인민 공화국
- 모택동(마오쩌둥) 국가주석(1954년~1959년)
- 유소기(류사오치) 국가주석(1959년~1968년)
- 등소평(덩샤오핑) 중국 공산당, 중국 중앙군사위원회 주석(1981년~1990년)

일본
- 쇼와 천황(1926년~1989년)

한국
- 이승만 대통령(1948년~1960년)
- 박정희 대통령(1963년~1979년)
- 전두환 대통령(1980년~1988년)
- 노태우 대통령(1988년~1993년)
- 김영삼 대통령(1993년~1998년)
- 김대중 대통령(1998년~2003년)

* 세계의 지도자 이름은 도서 내용에 포함된 것만 표기했습니다.
* 이름 옆 괄호 안 연도는 그 자리에 있던 기간입니다.

연표로 보는 세계사의 흐름